HIGHLIGHTS ISLAND

DIE 50 ZIELE, DIE SIE GESEHEN HABEN SOLLTEN

HIGHLIGHTS

ISLAND

Olaf Krüger
Kerstin Langenberger

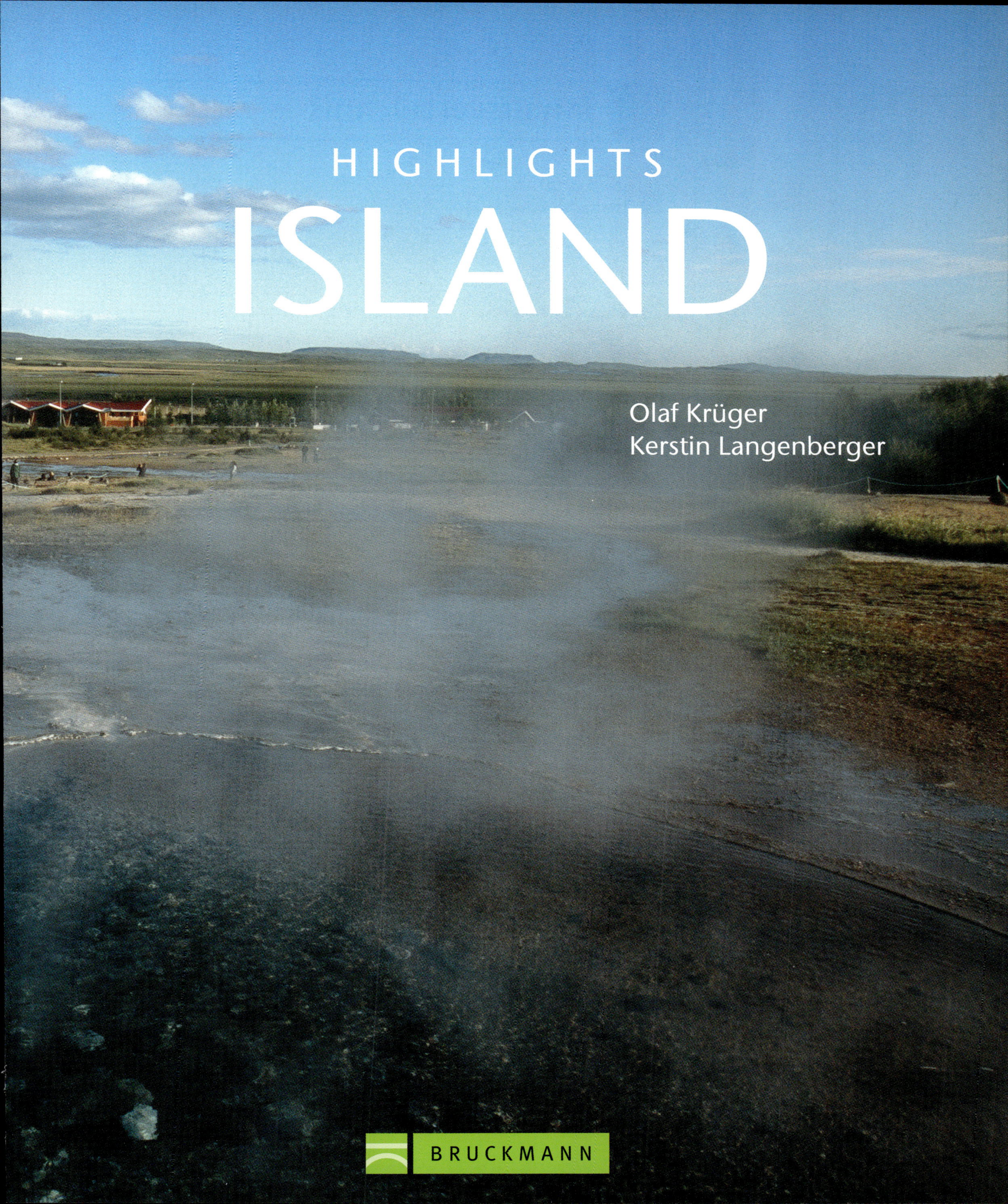

BRUCKMANN

Isländerinnen sollen zu den schönsten Frauen Europas gehören (oben). Im südlichen Hochland liegt der See Langisjór vor der Kulisse des Vatnajökull (Mitte). Auf den Vogelfelsen an Islands Küsten sind Papageitaucher die Stars (unten). Die Dampfsäule des »Strokkur« (vorherige Doppelseite). Bei Vatnsnes (Einband innen).

Inhaltsverzeichnis

Die Kinder von Heimaey kümmern sich liebevoll um gefährdete Papageitaucherküken (oben). Islandpferde gehören zu Island wie Geysire und Vulkane (Mitte). Wie eine Filmkulisse wirkt der Gletschersee Jökulsárlón, besonders bei schönem Wetter (unten).

Nördlicher Polarkreis
Hælavík
Hornvík
Hælavíkurbjarg
Hornbjarg
Látravík
Aðalvík
HORNSTRANDIR
36
Ísafjarðardjúp
Bolungarvík
Suðureyri
Ísafjörður
Drangajökull
Flateyri
Bæir
Súðavík
Kaldalón
Ögur
Norðurfjörður
Vatnsfjörður
Djúpavík
Arnarfjörður
Þingeyri
Gláma
925
Hrafnseyri
Dynjandi-Wasserfall
37
Patreks-fjörður
Bildudalur
Húnaflói
Hólmavík
Steingrímsfjörður
Patreksfjörður
Fossheiði
39
Látrabjarg
Látrabjarg
Rauðisandur
Barðaströnd
Brjánslækur
Reykhólar
FLATEY
ATLANTISCHER OZEAN
Breiðafjörður
Siglufj
Skagafjörður
TRÖLLAS
SKAGAHEIÐI
SKAGI
33
Hofsós
Skagaströnd
Hjaltadalur
Sauðárkrókur
35
Blönduós
VATNSNES
Hvítserkur
34
Glaumbær
Hóp
Varmahlíð
Borgarvirki
1
Hvammstangi
Laugarbakki
Buðardalur
Stykkishólmur
Hvammsfjörður
Rif
Hellisandur
Ólafsvík
40
41
1
NATIONALPARK SNÆFELLSJÖKULL
43
Snæfellsjökull
Grundarfjörður
SNÆFELLSNES
Ljósufjöll
Hítarvatn
Kjalvegur (Kjölur)
Stapafell
42
Búðir
38
Hítardalur
Dalsmynni
Hellnar
Arnarstapi
Stakkhamar
Hveravellir
45
Hvítárdalur
Eiríksjökull
1675
1355
Langjökull
Hraunfossar
44
Deildartunguhver
Reykholt
Húsafell
Faxaflói
Kerlingarfjöll
1158
Borgarnes
Skorradalur
Hvanneyri
1350
Þórisjökull
Biskupstungur
Hvítá
1060
Skjaldbreiður
Akranes
Innriholmur
NATIONALPARK ÞINGVELLIR
2
Gullfoss
Þingvellir
Peningagjá
Silfra
Haukadalur
1
Geysir
3
Reykjavík
1
Laugarvatn
Þingvallavatn
Mosfellsbær
Laugar-vatn
Skálholt
Garður
5
Árbæjarsafn
Nesjavellir
13
Þjórsárdalur
Hrauneyjar
Sandgerði
Hafnarfjörður
1
Hveragerði
Brennisteinsalda
Land
Keflavík
4
12
Bláh
Njarðvík
Krísuvík
Hellisheiði
Þjórsá
REYKJANES
Bláa Lónið
Blaue Lagune
Kleifarvatn
1491
Hekla
Hrafntinnusker
7
6
Selfoss
Álftavatn
Álftavatn
47
Eyrarbakki
Grindavík
Hella
Þorlákshöfn
Hvolsvöllur
Emstrur
ÞÓRSMÖRK-NATURSCHUTZ-GEBIET
48
Laugavegur
Þykkvibær
1
14
11
Þórsmörk
Seljalandsfoss
Eyjafjallajökull
Mýrdalsjökull
10
1666
1450
Bakki
Skógafoss
Skógar
9
VESTMANNAEYJAR (WESTMÄNNER-INSELN)
Eldfell
HEIMAEY
16
DYRHÓLAEY
Vík
8
Reynisfjara
SURTSEY
0
25 km
N
Highlights im
Südwesten
Süden
Osten
Norden
Westen
Hochland

Grímsey
Rauðinúpur
Hraunhafnartangi
Raufarhöfn
MELRAKKASLETTA
26
Kópasker
LANGANES
Þistilfjörður
Þórshöfn
ATLANTISCHER OZEAN
Öxarfjörður
Skjálfandi
Bakkaflói
Bakkafjörður
HRÍSEY
Húsavík
28
Ásbyrgi
Hljóðaklettar
27
JÖKULSÁRGLJÚFUR-NATIONALPARK
Vopnafjörður
Dettifoss
Hafragilsfoss
Leirhnjúkur
818
Krafla
Vopnafjörður
Húsey
25
Borgarfjörður Eystri
24
Bakkagerði
Goðafoss
31
Akureyri
30
1
Mývatn
29
Reykjahlíð
Hverarönd
Jarðböðin
Lavafeld Dimmuborgir
Skjálfandafljót
Jökulsá á Fjöllum
1
Jökuldalsheiði
Aldeyjarfoss
Seyðisfjörður
22
Egilsstaðir
Lagarfljót (Lögurinn)
Neskaupstaður
Atlavík
Hallormsstaðaskógur
Eskifjörður
Reyðarfjörður
23
Skriðuklaustur
Dänemark, Färöer
Sprengisandur
Herðubreiðarlindir
Lavafeld Ódáðahraun
1682
Dyrgjufjöll
Öskjuvatn
1510
Askja
49
Kárahnjúkar
Fáskrúðsfjörður
Stöðvarfjörður
Breiðdalsvík
Búlandstindur
1
Berufjörður
21
Djúpivogur
PAPEY
Nýidalur
1392
Tungnafellsjökull
Virkisfell
Biskupsfell
Snæfell
1833
Brúarjökull
1920
Kverkfjöll
50
2009
Bárðarbunga
Vatnajökull
20
1719
Grímsvötn
NATIONALPARK VATNAJÖKULL
Lón
Hvalnes
Lónsöræfi
Hornafjörður
Stokksness
Höfn í Hornafirði
Breiðamerkurjökull
1
19
Jökulsárlón
Krater
46
17
Öræfajökull
Skaftafell
Hvannadalshnjúkur
2110
1
SKEIÐARÁRSANDUR
Kirkjubæjarklaustur
Fjaðrárgljúfur
15
INGÓLFSHÖFÐI
18
Eldhraun
ATLANTISCHER OZEAN

Der Geysir Strokkur (oben), neugierige Islandpferde (Mitte) und blonde, blauäugige Neowikinger (unten) haben Symbolcharakter für die kleine Insel am Nordpolarmeer. Deren Landschaften beeindrucken durch Vielfalt und Weite: bei Arnarstapi auf Snæfellsnes (oben rechts) ebenso wie am Gletschersee Jökulsárlón (unten rechts).

Die sagenhafte Insel

Kleinod am Polarkreis

»Island zwingt Dich, sich auf Dich selbst zu besinnen. Du musst mit Dir allein sein können.« Diese Worte des isländischen Literatur-Nobelpreisträgers Halldór Laxness bringen die Faszination einer Islandreise auf den Punkt. Die Erhabenheit der wilden Inselnatur führt so manchem zivilisationsgeschädigten Reisenden die Unbedeutendheit des Menschen vor Augen. Eine Reise nach Island ist eine Expedition zu den unbeherrschbaren Urgewalten der Schöpfung und zu unzähligen Geschichten von Wikingern, Geächteten, Naturkatastrophen und außergewöhnlichen Menschen.

Trotz seiner isolierten Lage war Island schon im Mittelalter international ein Begriff. Auf alten Karten ist die Insel von furchteinflößenden Fabelwesen umgeben, und der Heklaberg galt in der christlichen Welt gar als Eingang zur Hölle. Auch heute verknüpft man den Namen »Island« mit Katastrophen. Fast jedem fallen in diesem Zusammenhang die jüngste Finanzkrise, die Online-Bank Icesave oder Asche speiende Vulkane mit unaussprechlichen Namen ein. Wer sich etwas mehr für die zweitgrößte Insel Europas interessiert, wird an heiße Quellen und Geysire denken, an Islandpferde, die zwar Ponys sind, aber nicht so genannt werden dürfen, an die Sängerin Björk oder die Band Sigur Rós. Durch die alten isländischen Sagen, Halldór Laxness, Jón »Nonni« Svensson und moderne Kriminalromane ist die Insel auch literarisch in der Welt bekannt. Und wer sich für Sport interessiert, weiß, dass die kleine Nation viele exzellente Handballspieler hervorgebracht hat.

Wie wahr aber sind die vielen Klischees über Island, und was macht die Faszination der Insel aus? Schließlich locken andernorts wärmere und niederschlagsärmere Reiseziele als das kleine Eiland unmittelbar unterhalb des Polarkreises, das andauernd die berüchtigten Islandtiefs nach Europa schickt. Dem Golfstrom ist es zu verdanken, dass das Klima hier viel gemäßigter ist als in vergleichbaren kontinentalen Breiten. Im Sommer schwanken die Tagestemperaturen im Mittel zwischen 12 und 15, im Winter zwischen 0 und 3 Grad Celsius. Dies begünstigt trotz der nördlichen Lage die Besiedlung. In vorindustriellen

Schnee und Eis prägen die Insel bis tief in den Sommer hinein, auf der Kjölur (oben), an einem namenlosen Bach in Nordisland (Mitte) oder in Form der vielen Gletscherflüsse (unten). Entlang der Küsten ist die Landschaft lieblicher: Waldstorchenschnabel blüht vor einer kleinen Hütte auf Hornstrandir (rechts oben).

Zeiten lebten bereits etwa 30 000 Menschen auf Island, mittlerweile hat sich die Bevölkerung verzehnfacht. Das Land zählt nun sechsmal so viel Einwohner wie die benachbarte größte Insel der Welt, Grönland.

Am meisten zeichnet sich Island wohl durch die Vielfalt seiner weiten und wilden Urlandschaften aus, die im frappanten Gegensatz zu den meist überbevölkerten Kulturlandschaften Mitteleuropas stehen. Seen, Wasserfälle, Hochtemperaturgebiete und Gletscher drängen sich auf engstem Raum. Hinter jedem Berg, nach jeder Biegung eröffnet sich dem Reisenden ein veränderter Blick, ein weiteres Naturschauspiel im buchstäblich immer neuen Licht. Das ständig wechselnde Wetter zaubert kurz einen Regenbogen an den Himmel, verschleiert die Landschaft wenig später mit Wolken und Nebel, um sie dann wieder im Schein der Mittsommersonne in beinahe unnatürlicher Farbenpracht erstrahlen zu lassen. Die Jahreszeiten sind auf Island extrem ausgebildet. Im Dezember steht die Sonne nur drei bis vier Stunden über dem Horizont, liegt ein weißer Schleier über dem Land, und Nordlichter tanzen am dunklen, sternenreichen Winterhimmel. Im Sommer dagegen sucht man Sterne am stets blauen Himmel vergeblich und man hört die zahlreichen Zugvögel auch um Mitternacht singen. Unabhängig davon, zu welcher Jahreszeit man anreist: Eine Islandreise ist immer auch ein Traum aus Licht und Farben!

Vulkanische Naturgewalten

Das Eiland unmittelbar unterhalb des Polarkreises verdankt seine Entstehung

dem Vulkanismus. Im Schnitt bricht hier alle fünf Jahre ein Vulkan aus. Selbst Islands höchster Berg, der 2110 Meter hohe Hvannadalshnjúkur, ist ein vergletscherter Vulkan. Jederzeit kann er wieder Lava und Asche ausstoßen. Diese Urgewalten der Schöpfung sind auf Island allgegenwärtig, weil hier, genau auf dem mittelatlantischen Rücken, die amerikanische und eurasische Kontinentalplatte auseinandergleiten und ein sogenannter *Mantle Plume* oder Hot Spot glühend heiße Magma nah unter die Erdoberfläche bringt. Deshalb lässt sich hier der Vulkanismus hautnah studieren. Zuletzt hielten der Eyjafjallajökull und der Grímsvötn die Welt in Atem. Man muss kein Prophet sein, um vorhersagen zu können, dass sich in der Zukunft noch weitere isländische Vulkane bemerkbar machen werden.

Auch auf der »Insel aus Feuer und Eis« schmelzen in Zeiten des Klimawandels ihre 13 großen und unzähligen kleinen Gletscher immer schneller, doch noch immer liegen zehn Prozent des Landes unter einer Decke aus Eis begraben.

Und: Fast unter jedem Gletscher schlummert ein aktiver Vulkan. Dieses Zusammenspiel der Elemente fasziniert nicht nur Naturwissenschaftler. Island ist ein Land im steten Wandel, ermöglicht immer wieder Einblicke in die Entstehung der Erde und verdeutlicht vor allem, dass es auf unserem Planeten keinen unveränderlichen Normalzustand gibt. Die Insel war schon komplett unter Gletschern begraben oder auch gänzlich eisfrei. Jetzt, in den Zeiten des von Menschen verursachten Klimawandels, schmelzen die Gletscher rasant und wird das Land von der großen Eislast befreit. In der Folge hebt sich die Insel und steigen ihre Küsten allmählich aus dem Meer auf. Auf diese Art entstanden bereits nach vorhergegangenen Eiszeiten Islands bemerkenswerte Steilküsten, so etwa die Südküste beim Skógafoss oder der Vogelfelsen Látrabjarg in den Westfjorden. Die insgesamt 5000 Kilometer lange Küstenlinie weist eine erhebliche Vielfalt auf. Prägen den Süden hohe Kliffküsten und große Schwemmlandebenen, kennzeichnen den Nordwesten und Osten tief eingeschnittene Fjorde und den Südosten karge, von Gletschern aufgeschüttete Landschaften aus Moränen und Sandern. In der Küstenregion, die durch die Ringstraße gut erschlossen ist, lebt die gesamte isländische Bevölkerung.

Europas größte zusammenhängende Wildnisgebiete findet man dagegen in der Mitte der Insel. Das zentrale Hochland ist eine sogenannte edaphische Wüste. Durch das poröse vulkanische Gestein werden die teils erheblichen Niederschläge sofort abgeleitet und fehlen für pflanzliches Wachstum. Das nur in den Sommermonaten mit Geländewagen erreichbare Inselinnere ist daher von dunklen, sandigen Vulkan- und Flusslandschaften sowie bunten Hochtemperaturgebieten geprägt.

Feuer und Eis, Wüste und liebliche Vegetation, Berge und Meer, westliche Kultur neben fast unberührter Wildnis – diese faszinierenden Kontraste beschreiben Island am besten.

Wie ein Farbtupfer steht ein kleines Sommerhaus vor der Fjordlandschaft des Eyjafjörður (oben), und wilder Thymian wächst in einem jungen Lavafeld (Mitte). Bei Nautholtsvík in Reykjavík gibt es den einzigen Badestrand Islands (unten). Grasnelken wiegen sich im stets wehenden Wind entlang der Küsten (links unten).

Island ist ein kinderreiches und kinderfreundliches Land. Eigenständig und kontaktfreudig gestalten junge Isländer das Stadtleben: Sie spielen in der Innenstadt von Reykjavík (oben und Mitte), tragen Sportwettkämpfe aus (unten) und sind dabei durchaus patriotisch (rechts oben).

Isländische Überlebenskünstler

Die Einheimischen sehen ihre Heimat in einem anderen Licht als die naturbegeisterten Touristen. Bis ins 20. Jahrhundert hinein lebten viele Isländer noch wie im Mittelalter. Innerhalb eines halben Jahrhunderts entwickelte sich die isolierte Schafzüchter- und Fischernation zu einem hochtechnisierten Wohlfahrtsstaat. Tradition und Moderne liegen in der isländischen Gesellschaft und Denkweise unmittelbar beieinander. Hier neigen die Menschen zu Extremen, fiebern einerseits weltoffen technischen Neuerungen entgegen, beharren aber andererseits konservativ auf Traditionen wie den Walfang und auf abenteuerlichen Spezialitäten wie Gammelhai und Schafskopf. Sie lehnen stur die Rückzahlungen ihrer Icesave-Schulden ab, bewerben sich aber im gleichen Atemzug um die intern verteufelte Mitgliedschaft in der Europäischen Union, die ihnen aus der Finanzkrise helfen soll. Isländer sind äußerst gastfreundlich, können aber auch sehr verschlossen sein. Man erlebt sie extrem flexibel und gleichzeitig gar nicht anpassungsfähig, mal spontan, mal zögerlich. Vor allem aber haben die Insulaner ein sehr ausgeprägtes Nationalbewusstsein und sind stolz auf ihre Identität und kulturelle Vergangenheit. Da sie so lange isoliert waren und von anderen Nationen beherrscht wurden, fürchten sie sich heute davor, für klein und unbedeutend gehalten zu werden. So lässt sich auch die Bankenkrise teils durch nationalen Größenwahn erklären. Isländer greifen einfach sehr gerne nach den Sternen und lieben extreme Projekte, die Ausländern häufig unangemessen groß erscheinen.

Die Beziehung der Isländer zu ihrer Natur hat sich in den vergangenen Jahrhunderten jedoch kaum verändert. Die unzähligen Naturkatastrophen, Hungersnöte und teils unmenschlichen Lebensbedingungen der Vergangenheit haben sich tief in das nationale Gedächtnis eingebrannt. Nicht weiter verwunderlich sehen auch heute noch viele Einheimische die Natur als feindlich an. »Naturschutz« und »Umweltbewusstsein« sind hier sehr junge Begriffe, die erst in den letzten Jahren durch den Tourismus an Bedeutung gewonnen haben. Durch die schier unerschöpflichen regenerativen Energiereserven ihres Landes können sich besonders die Bewohner Reykjavíks einen konsumorientierten Lebensstil leisten und gleichzeitig ein umweltfreundliches Image aufrechterhalten. Dieser scheinbar unvereinbare Widerspruch spiegelt wunderbar den Charakter der Isländer wider. In Reykjavík leben die Menschen bewusst fernab der Natur, die hingegen Touristen aus aller Welt ins Land lockt. Das Hauptstadtgebiet und der Rest des Landes unterscheiden sich in typisch isländischer Manier radikal voneinander. Island ist in jeglicher Hinsicht ein Land der Gegensätze.

Wachsender Tourismus

Noch vor wenigen Jahren galt Island als »Europas bestgehütetes Geheimnis«. Nicht weit vom Kontinent entfernt, lockt der »Geheimtipp Island« jedoch mittlerweile jährlich 500 000 Besucher an, Tendenz steigend. Die meisten Reisenden kommen aus Deutschland, Frankreich und Großbritannien. In Reisebussen, Mietwagen, öffentlichen Verkehrsmitteln, Geländewagen, auf dem Pferderücken, zu Fuß und auf Fahrrädern erkunden hauptsächlich Europäer die 103 000 Quadratkilometer kleine Insel. Statt Individual- und Abenteuerreisen dominiert nun zunehmend der Massentourismus.

Jedes Jahr kommen rund 20 000 Besucher mehr nach Island, in der Folge ändert sich das Antlitz der Insel unweigerlich. Islands unberührte Natur wird immer besser erschlossen, von immer mehr Menschen erkundet und deshalb immer weniger »wild«.

Der Tourismus ist längst zu einem Standbein der isländischen Wirtschaft geworden und hat dem Land aus der Finanzkrise geholfen, paradoxerweise jedoch auf Kosten der Natur, die fast alle Reisenden auf die Insel lockt. Die touristische Hauptsaison fällt genau auf die kurze Wachstumszeit der Pflanzen, doch sind die arktische Vegetation und die dünne, erosionsanfällige Erdschicht äußerst empfindlich und können allzu leicht zerstört werden. Jeder einzelne Besucher trägt daher eine ganz besondere Verantwortung. Durch umweltbewusstes, respektvolles Verhalten und durch den Dialog mit den Einheimischen kann er die Entwicklung des Tourismus mit beeinflussen und zum Naturschutz beitragen. Island ist so einzigartig, dass eigentlich die ganze Insel zum Weltnaturerbe ernannt werden sollte. Diesen Schatz so gut wie möglich zu bewahren, sollte sich jeder Islandliebhaber zur Aufgabe stellen.

Während die Wikinger im Nationalmuseum noch schwerttragend in den Kampf ziehen (Mitte), entführen ihre Nachfahren Besucher in die Wunderwelt des Vatnajökull (oben). Walbeobachtung lockt viele Menschen nach Húsavík (links unten), die mit viel Glück sogar Schwertwale sehen können (unten).

Die Pseudokrater von Skútustaðir bei Mývatn sind aus der Luft besonders gut zu erkennen. Unmittelbar an der Ringstraße haben sich hier neben Farmgebäuden zwei Hotels und ein Restaurant angesiedelt.

Der Besuch des Nationalparks Þingvellir ist auch außerhalb des kurzen Sommers reizvoll: sei es im Winter (oben) oder im bunten Herbst (rechts). Die Hallgrímskirkja in Reykjavík (Mitte) ist ebenso touristisches Highlight wie der Geysir Strokkur im Haukadalur (unten).

Im Südwesten

Der Geysir Strokkur, das »Butterfass«, ist die Hauptattraktion in Haukadalur und das wohl am meisten fotografierte Naturphänomen Islands (oben). Nur wenige Kilometer entfernt liegt der Wasserfall Gullfoss, der auch täglich Tausende von Besuchern anlockt (rechts).

1 Haukadalur

Unterwegs auf dem »Golden Circle«

Haukadalur ist Islands berühmtestes Geothermalfeld. Hier brodeln die beiden einzigen nennenswerten Geysire der Insel, Stóri Geysir und Strokkur. Entgegen der landläufigen Meinung sind im »Land der Geysire« nämlich nur diese zwei regelmäßig aktiv. Zusammen mit dem zehn Kilometer entfernten Gullfoss und Þingvellir bilden sie Islands beliebteste Hauptattraktion, den »Golden Circle«.

Der Besuch von Haukadalur ist ein Muss für jeden Islandreisenden. 125 Kilometer nordöstlich von Reykjavík liegen Parkplätze, ein Hotel, ein Touristenzentrum und ein Campingplatz rund um ein kleines Hochtemperaturgebiet, das täglich Tausende Besucher anzieht. Zwischen gepflasterten Wegen reihen sich in einer niedergetrampelten Ebene blubbernde blauschimmernde Quellen. Die meisten sind ehemalige oder äußerst selten aktive Geysire. Nur Stóri Geysir, der »große Geysir« und Strokkur, das »Butterfass«, melden sich regelmäßig zu Wort.

Strokkur und Geysir

Strokkur bildet das Zentrum des Geothermalgebietes. Er liegt ebenerdig und ist von flachen Sinterterrassen umgeben, denen man sich bis auf wenige Meter nähern kann. Nur selten muss man lange auf seine Aktivität warten: Ohne Ankündigung beginnt etwa alle vier bis acht Minuten das Wasser im kleinen Kessel zu wallen, schließlich ertönt ein tiefes Grollen und bildet sich eine wunderschöne, türkisfarbene Blase, aus der fauchend und zischend eine bis zu 30 Meter hohe kochende Dampf- und Wassersäule in den Himmel schießt. Einen kurzen Spaziergang entfernt liegt der Vater aller Geysire, Stóri Geysir, der oft nur Geysir genannt wird. Sein Name, bedeutet so viel wie »Hervorschießender«. Dabei handelt es sich weder um die größte noch die älteste Springquelle der Welt, jedoch um die erste, die in Europa bekannt wurde und deshalb mit seinem Namen den Gattungsbegriff prägte. Der Geysir ist vermutlich mehrere Tausend Jahre alt. Das erste Mal erwähnt wurde er in einer Schrift aus dem 13. Jahrhundert. Seine Dampfsäule soll im Jahr 1845 eine Höhe von 170 Metern erreicht haben; normalerweise schoss sie aber »nur« 60 Meter in den Himmel.

Ab 1915 stellte der Große Geysir seine Aktivität ein, um nach einem Erdbeben im Jahr 2000 wieder unregelmäßig von sich hören zu lassen. Einmal die Woche

bis drei Mal am Tag ist er zehn bis 30 Minuten lang aktiv und schießt dabei in der Regel fünf bis 40 Meter hoch. Aus Sicherheitsgründen sollte man deshalb nicht auf den aus empfindlichen Sinterablagerungen geformten Krater des Geysirs klettern.
Springquellen sind sehr empfindliche Naturphänomene. Ändern sich die Temperatur oder die Wasserzufuhr, wie es bei größeren Erdbeben häufiger geschieht, dann verändern sie ihre Aktivität. Sie benötigen einen langen, engen und einigermaßen geraden Tunnel, der von einem unterirdischen Wasserreservoir zur Oberfläche führt. Das Wasser wird durch die nahe Magma bis über den Siedepunkt aufgeheizt, beginnt jedoch nicht zu kochen, weil der Druck der Wassersäule zu hoch ist. Erst wenn einzelne Blasen aufsteigen und einen Teil des Wassers nach oben aus der Quelle pressen, fällt der Druck ab. Das überhitzte Wasser verwandelt sich in Wasserdampf und kann über 100 Meter in die Luft geschleudert werden.

Geysir-Tuning

Beide aktive Geysire im Haukadalur sind von Menschen beeinflusst worden. Strokkur zum Beispiel war ab 1896 nur noch selten aktiv, weil ein Erdbeben den Wasserzufluss der Quelle verringert hatte. Die schon damals zahlreichen Besucher warfen Steine und andere Gegenstände in die Quelle, um sie so erfolgreich zu Eruptionen zu provozieren. Mit der Zeit verstopfte sie dadurch allerdings gänzlich. Um den Strokkur wieder zum Leben zu erwecken, bohrte man ihn 1963 bis auf 40 Meter Tiefe aus. Seitdem ist er wieder aktiv. Ähnlich wurde beim Großen Geysir verfahren. Man bohrte seine Seitenwand an, um den Wasserspiegel zu senken und damit Ausbrüche zu erleichtern. Nur wenig später wusste man mit 40 Kilogramm Seife, die man in den Geysir warf, die Oberflächenspannung der Wassersäule so zu senken, dass unweigerlich eine Eruption erfolgte. Diese Praktik wird heute nur noch gelegentlich angewendet, zuletzt am 8. Juni 2000.

DER GOLDENE WASSERFALL

Nur neun Kilometer nordöstlich von Haukadalur erfüllt das stete Rauschen des »goldenen Wasserfalls« Gullfoss die Luft. Zweistufig stürzt er elf und 21 Meter tief in eine schräg zur Fließrichtung stehende Schlucht, die später bis zu 70 Meter tief wird. An sonnigen Tagen steht in der Wolke aus Sprühwasser oft ein wunderschöner Regenbogen über dem Wasserfall, der besonders zu Sonnenuntergang seinem Namen alle Ehre macht. Den schönsten Blick bietet die Aussichtsplattform am oberen Rande der Schlucht. Eine Treppe führt dort zum unteren Parkplatz, von dem man sich der oberen Kaskade bis auf wenige Meter nähern kann. In der Nähe der Treppe steht eine Basaltsäule mit dem Reliefporträt der Bauerntochter Sigriður Tómasdóttir. Die junge Frau verhinderte im Jahr 1920 die Zerstörung des Wasserfalls durch ein geplantes Wasserkraftwerk, indem sie drohte, sich in den Fluss zu stürzen. Ohne sie würde Islands beliebtester Wasserfall heute nicht mehr existieren.

WEITERE INFORMATIONEN

www.english.ust.is/National-Parks/Protectedareas/Gullfoss/

Niedrige Birken und Weiden gedeihen in der von Bergen umringten Ebene, die sich im bunten Herbstkleid von ihrer schönsten Seite zeigt (oben). Unzählige Schluchten zerreißen das Basaltgestein und füllen sich je nach Tiefe mit dem klaren Wasser des Þingvallavatn (unten und rechts).

2 Þingvellir

Im Niemandsland der Kontinente

Kein Ort der Insel ist geschichtsträchtiger und für die Isländer bedeutungsvoller als die 40 Kilometer nordöstlich von Reykjavík gelegene Ebene Þingvellir. Das von Schluchten durchzogene Gebiet grenzt an den größten Binnensee des Landes und ist zudem geologisch hochinteressant. Nirgendwo lässt sich die Kontinentaldrift besser erkennen als hier.

Þingvellirs Geschichte beginnt in der Frühzeit von Islands Besiedlung. Ingólfur Arnarson, der heute als offizieller Erstsiedler auf der Insel gilt, ließ sich mit seiner Familie und Sklaven um 874 an der Stelle des heutigen Reykjavík nieder. In seinem Kielwasser traf in den folgenden 60 Jahren eine Welle von schätzungsweise bis zu 20 000 Einwanderern auf der Insel ein. In der Hoffnung auf einen Neubeginn kamen sie fast ausschließlich aus dem damals überbevölkerten norwegischen Kulturraum. Da sich Nordeuropa in einer Warmzeit befand, war Island bewaldet und fruchtbar. Die Siedler mussten auf der unbewohnten Insel weder Kriege um Territorien ausfechten oder sich an andere Kulturkreise anpassen – Island erschien ihnen wie das gelobte Land.

Die Gründung des Alþingi

Nur 50 Jahre später waren jedoch die besten Landstriche unter 435 Häuptlingsfamilien aufgeteilt, die großen Küstenwälder abgeholzt, und es häuften sich die Streitigkeiten um Land, Besitz und Macht. Der Ruf nach einer landesweiten gesetzgebenden Versammlung wurde laut. So entsandten die Nachfahren von Ingólfur Arnarson einen Mann namens Úlfljótur nach Norwegen, um sich dort in Gesetzgebung und -regelung unterrichten zu lassen.
Unterdessen suchte man in Island nach einem geeigneten Ort für einen zukünftigen Versammlungsplatz. Er musste von allen Landesteilen ungefähr gleichermaßen gut zu erreichen sein, Schutz vor Unwettern sowie genügend Weideland, Feuerholz und Wasser bieten. Diese Voraussetzungen erfüllte aber nur gutes Farmland, auf das kein Stamm verzichten wollte. Als der Besitzer des Gebietes Bláskógar einen Sklaven ermordete, wurde er zur Strafe enteignet und sein Land der Allgemeinheit freigegeben. Die Thingstätte war gefunden: Seitdem heißt die Region Þingvellir, »Versammlungsplatz«.
Das Alþingi, auf Deutsch »Althing«, wurde im Jahr 930 gegründet und ist

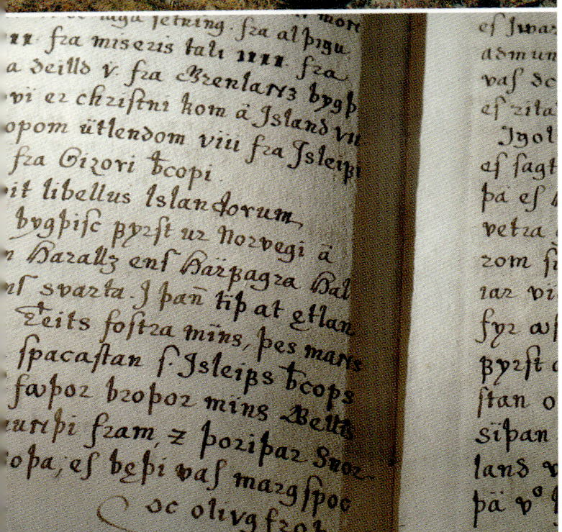

Dass wir so viel über die kulturelle Vergangenheit Islands wissen, verdanken wir diesen alten Schriften (Mitte) sowie Relikten der Wikingerzeit, so dieser mittelalterlichen Jesusdarstellung (unten). Der Öxarárfoss (oben rechts) und die historischen Häuser der Thingebene (rechte Seite unten) gehören zu den Hauptattraktionen von Þingvellir.

das älteste heute noch bestehende Parlament der Welt. Úlfljótur war nach drei Jahren aus Norwegen zurückgekehrt und führte die Versammlung als erster Gesetzessprecher an. Er entschied, das Althing nach norwegischem Vorbild zu gestalten. Es wurde eine jährlich tagende Versammlung aller freien und volljährigen Männer höheren Standes, die hier über Gesetzgebung und spezielle Rechtsprechung abstimmten. Todesstrafen, die insbesondere im späten Mittelalter immer häufiger verhängt wurden, wurden direkt vor Ort vollstreckt. Davon zeugen heute noch Ortsnamen wie Drekkingarhylur (Ertränkungsbecken), Gálgaklettur (Galgenfels), Höggstokkseyri (Richtblocksandbank) und Brennugjá (Verbrennungsschlucht).

Im Jahr 1000 beschloss der Gesetzessprecher des Althing, dass die Isländer von nun an dem christlichen Glauben angehören sollten, und zwar unter der Voraussetzung, dass sie die Rituale ihrer alten Religion weiter heimlich ausführen durften. Damit wurde Island ohne Blutvergießen christianisiert. Die erste Kirche der Insel errichtete man wenig später am Thingplatz. Der Sage nach sandte der norwegische König Olaf damals Holz und Glocke für ihren Bau. Die heutige kleine Holzkirche steht immer noch an genau derselben Stelle.

Wilde Landschaft um die Allmännerschlucht

Nicht nur aufgrund seiner geschichtlichen Bedeutung wurde Þingvellir genau 1000 Jahre nach der Gründung des Althing zum ersten isländischen Nationalpark und 2004 zum UNESCO-Welterbe erklärt. Eine herrliche Naturlandschaft lockt viele Besucher in das weite Tal. Hier stürzt etwa der Fluss Öxará in einem filigranen Wasserfall direkt in die Allmannagjá, die »Allmännerschlucht«. Der Legende zufolge wurde der Öxará in den ersten Jahren des Althing extra umgeleitet, damit die Männer auf der Suche nach Wasser nicht zu weit laufen mussten. Unterhalb der kleinen Kirche mündet er in den Þingvallavatn, den mit 84 Quadratkilometern größten natürlichen See des Landes. Das wertvolle Trinkwasserreservoir bietet einer einzigartigen Tier- und Pflanzenwelt eine Heimat. Und genau wie die Ebene von Þingvellir so existiert auch er nur aufgrund der Kontinentaldrift.

Bewegte Erde

Þingvellir gehört zu den weltweit wenigen Orten, an denen das Auseinanderdriften zweier Kontinentalplatten direkt beobachtet werden kann. Auf der Aussichtsplattform oberhalb der Allmannagjá befindet man sich auf der amerikanischen Kontinentalplatte. Von dort sieht man im Osten in sieben Kilometer Entfernung die Ränder der eurasischen Plat-

te. Das Land dazwischen, eine von Schluchten durchzogene Ebene mit historischen Gebäuden, sinkt ganz langsam in den sich verbreiternden Raum zwischen den Kontinenten. Innerhalb der letzten 9000 Jahre soll sich diese Riftzone um 70 Meter verbreitert haben und das »Niemandsland« infolgedessen um 40 Meter abgesunken sein. Der Prozess geht noch permanent weiter: Im Frühjahr 2011 staunten die Ranger des Nationalparks nicht schlecht, als sich ein unscheinbares Loch in einem Fußweg bei der Reparatur als 14 Meter tiefe Schlucht entpuppte!
Verwerfungen durchziehen das gesamte Umland. Auch in direkter Nähe des Sees befinden sich tiefe Risse im Lavagestein, die sich mit dem kristallklaren Wasser des Þingvallavatn gefüllt haben. Die Peningagjá (»Geldschlucht«) ist im Lauf der vergangenen Jahrzehnte zum Geldbrunnen geworden. Glitzernde Münzen bedecken Boden und Wände der mit Wasser gefüllten Lavaspalte. Leider hat sich unter Besuchern die Unsitte entwickelt, in wirklich jede wassergefüllte Vertiefung Münzen zu werfen, was außerhalb der besagten Peningagjá allerdings ausdrücklich nicht erwünscht ist.
Die Schlucht Silfra am Ufer des Þingvallavatn, deren tiefster Punkt 63 Meter unter dem Wasserspiegel liegt, erfreut sich vor allem bei Tauchern wachsender Beliebtheit. Die Sichtweiten unter Wasser betragen teilweise über 100 Meter – eine weltweite Besonderheit! Das ungewöhnliche klare Wasser entstammt dem 50 Kilometer entfernten Gletscher Langjökull. Während seiner 20 bis 30 Jahre dauernden Reise wird das Schmelzwasser durch das poröse Lavagestein gefiltert und speist genau hier in unterirdischen Quellen den See.

DAS KRAFTWERK IM NESJAVELLIR

Nur etwa 22 Kilometer von Þingvellir entfernt liegt das Hochtemperaturgebiet Nesjavellir. Wo früher farbenfrohe heiße Quellen und fauchende Solfataren das Landschaftsbild prägten, produziert seit 1987 Islands zweitgrößtes Geothermalkraftwerk, Nesjavallavirkjun, Strom und Heißwasser für Reykjavík. Für interessierte Besucher werden hier Führungen angeboten und die Funktionsweise des Kraftwerkes erklärt.
Schätzungen zufolge wird das Kraftwerk für weitere 30 Jahre mit der momentanen Gesamtleistung von 400 Megawatt betrieben werden können. Danach wird die Energieproduktion abnehmen, und es werden neue, bisher naturbelassene Geothermalgebiete erschlossen werden müssen, um die Nachfrage bedienen zu können. Auch in Island hat Energieproduktion ihre Schattenseiten.

WEITERE INFORMATIONEN

zu Þingvellir:
www.thingvellir.is
Tauchen in Silfra: www.silfra.org

Wie ein abstraktes Spaceshuttle ragt der Turm der Hallgrímskirkja über Reykjavík auf (oben). Die neu eingeweihte Konzerthalle Harpa spiegelt sich am Hafen in den umliegenden Wasserflächen (unten), während in der Innenstadt gepflegte Parks und Skulpturen das Stadtbild verschönern (rechts).

3 Reykjavík

Die nördlichste Hauptstadt der Welt

Im Großraum Reykjavík leben über 200 000 Menschen – auf den ersten Blick mutet diese Zahl für die Hauptstadt eines Staates gering an. Bedenkt man jedoch, dass dies zwei Drittel der isländischen Bevölkerung ausmacht, ist die nördlichste Hauptstadt der Welt geradezu riesig im Vergleich zu den restlichen Ortschaften des Landes.

Reykjavík ist das urbane Zentrum des Landes und die Stadt mit dem weltweit höchsten Autoaufkommen pro Kopf. Hier winden sich endlose autofreundliche Straßen durch ausgedehnte Wohnsiedlungen und überdimensionale Gewerbegebiete. Riesige Geländewagen fahren Seite an Seite mit normalen Kleinwagen und schwängern die Luft mit Abgasen. Angesichts der monströsen Pkw-Panzer gerät manch Autofan ins Schwärmen. Die für den Stadtverkehr völlig überqualifizierten, heute eigentlich unbezahlbaren Super-Jeeps sind Überbleibsel aus der Ära vor der Finanzkrise und zeugen ebenso vom nationalen Größenwahn der Vorkrisenzeit wie die vielen Bauruinen. So kommt es, dass der weitläufige Städteverbund auf den ersten Blick wie eine chaotische Ansammlung rein praktisch ausgerichteter Betongebäude wirkt. »Hübsch« fällt einem in diesem Zusammenhang eher nicht ein. Wer sich jedoch auf das städtische Chaos einlässt, wird feststellen, dass Reykjavík über einen eigenen Charme verfügt und es sich hier sehr gut leben lässt. Die Stadt ist lebendig, eigenwillig und skurril. Sie verkörpert die Lebenseinstellung ihrer Bewohner, die fernab der schönen Inselnatur in ihrer eigenen, konsum- und technikorientierten Welt leben.

Von den Wikingern zur modernen Großstadt

Als sich hier Ingólfur Arnarson 877 als erster sesshafter Siedler niederließ, wohnten die Menschen gemäß der Wikingertradition nicht in Dörfern, sondern in eigenständigen Höfen. Das änderte sich jahrhundertelang nicht, weil die Entwicklung des Landes von den herrschenden Dänen unterdrückt wurde. Als Reykjavík 1786 das Stadtrecht zugesprochen wurde, lebten in dem Gebiet 167 Einwohner in 30 Torfhäusern. Reykjavíks Bedeutung wuchs in den folgenden Jahrhunderten, eine Blüte erlebte es jedoch erst im Zweiten Weltkrieg, als die USA hier Truppen stationierten und zum Bau des Zivilflughafens in Keflavík beitrugen. Neue Arbeitsplätze und die beginnende

Reykjavík ist eine lebendige Stadt: voller Kinderlachen (Mitte) und moderner Kunst unterschiedlichster Stile, einschließlich witziger Wikingergraffiti (unten). Das Rathaus ragt mitten in den Stadtsee Tjörnin hinein (oben und rechts unten), den man auch von der Aussichtsplattform von »Perlan« erspähen kann (rechts oben).

Industrialisierung lockten viele Menschen an, die Landflucht und der massive Zuzug in die Hauptstadt dauern bis heute an. Da Reykjavík im Grunde genommen erst 60 Jahre alt ist, wird man historisch wertvolle Gebäude und eine »gemütliche« Stadtkulisse hier folglich vergeblich suchen.

Bunte Innenstadt

Das historische Zentrum ist die touristisch attraktivste Region der Hauptstadt. Hier stehen hübsche alte Häuser mit farbenfroher Wellblech- oder Holzverkleidung auf einer kleinen Landzunge in Sichtweite zum 900 Meter hohen Tafelberg Esja. Einen schöner Blick auf das hübsche Panorama der bunten Altstadtdächer öffnet sich vom Turm der 74 Meter hohen Hallgrímskirkja. Reykjavík bietet viel Platz. Die meisten Häuser haben Vorgärten, und in den vielen Grünanlagen und Parks mit Kinderspielplätzen treffen sich die Isländer an sonnigen Tagen. Ein Musterbeispiel für die experimentierfreudige Architektur vieler öffentlicher Bauten der Stadt ist das moderne Rathaus, das mitten im historischen Zentrum in den flachen Stadtsee Tjörnin hineinragt.
Die Einkaufsmeile Laugavegur zieht sich vom Zentrum hinaus in die weiter östlich liegenden Industrie- und Wohngebiete. In den schrillen Boutiquen und bunten Souvenirläden hat die Qual der Wahl, wer schon immer mal einen teuren isländischen Wollpullover, Schmuckstücke aus geschliffener Lava oder T-Shirts mit isländischen Schriftzügen erstehen wollte.
Von den historischen Steinbauten der Innenstadt ist es nicht weit zum alten Hafen, der heute hauptsächlich von Fischern und Kreuzfahrtschiffen genutzt wird. Hier starten auch Walbeobachtungsfahrten, bei denen oft Zwerg-, Buckel- oder Schweinswale gesichtet werden. Der jüngste Stolz der Stadt ist die hier angesiedelte Konzerthalle Harpa. Ihr Bau lag während der Finanzkrise brach und wurde schließlich im Frühjahr 2011 allen finanziellen Engpässen zum Trotz fertiggestellt.

Kunst und Museen

Reykjavík ist das kulturelle Zentrum Islands. Überall im Stadtgebiet stehen Skulpturen verschiedenster Künstler und Epochen, zudem informieren viele kleine, überschaubare, liebevoll eingerichtete Museen über Geschichte, internationale und isländische Kunst. Über die Themen und Öffnungszeiten der zahlreichen Ausstellungen gibt die Touristeninformation im Stadtzentrum Auskunft. In deren unmittelbarer Nachbarschaft prä-

sentiert die hochmoderne Ausstellung »Reykjavik 871« die Ausgrabungsstelle eines Langhauses aus der Besiedlungszeit. Die sehenswerte Sammlung des international herausragenden Nationalmuseums Þjóðminjasafn umfasst kostbare Exponate aus isländischer Gegenwart und Vergangenheit.

Lange Nächte

Die Stadt verfügt über eine lebendige und trotz der Finanzkrise blühende Kunst-, Musik- und Partyszene. Das ganze Jahr über finden hier international bedeutende Konzerte und Musikfestivals statt. Musiker wie Björk und die Band Sigur Rós begannen hier ihre Erfolgslaufbahnen. Von Donnerstag bis Sonntag wird der Laugavegur allabendlich zur Partymeile. Wer mit Alkohol und Musik seinen Spaß haben und auf die konsumorientierte junge Generation der Isländer treffen möchte, ist hier goldrichtig. Bis spät in die Nacht wird in den vielen Szeneclubs moderne bis alternative Musik gespielt und flanieren auffällig gestylte Menschen in angeheitertem Zustand durch die engen Gassen. Angesichts der exorbitant hohen Preise für Alkohol fragt man sich allerdings, wie sich die lebensfrohen Musikliebhaber den Spaß leisten können. Die Finanzkrise scheint hier jedenfalls noch nicht angekommen zu sein!

AUSFLÜGE IM STADTBEREICH

Außerhalb des Zentrums gibt es viel zu sehen. Lange Fußgänger- und Radwege umrunden die Stadt an ihrer oft hübschen Küste, die man mit Leihrädern erkunden kann. Ein Wahrzeichen Reykjavíks sind auf einem Hügel gelegene Wassertanks, die von einer Aussichtsplattform überbaut und treffenderweise Perlan, »Perle« getauft wurden. Südlich davon liegt bei Nautholtsvík Islands einziger wirklicher Badestrand. Hier wird im Sommer das überschüssige Heißwasser der Stadt ins Meer geleitet und somit die künstlich geschaffene Lagune auf 20 ° erwärmt. Wer es doch lieber etwas wärmer mag, sollte unbedingt eines der vielen geothermal beheizten Schwimm- und Freibäder besuchen. Deren warme Becken und Dampfbäder sind der Treffpunkt vieler Einheimischer, die im heißen Wasser leidenschaftlich über Politik und das aktuelle Zeitgeschehen diskutieren.

ALLGEMEINE INFORMATIONEN

zu Reykjavík bietet die offizielle Tourismus-Homepage der Hauptstadt:
www.visitreykjavik.is

Vom Turm der Hallgrímskirkja eröffnet sich ein schöner Blick über die bunten Wellblechdächer der kleinen Häuser, die sich an den Stadtsee Tjörnin schmiegen. Das moderne Rathaus der Stadt wurde in den See hineingebaut.

TJARNARBÍÓ

Hafnarfjörður (oben) überrascht mit vielen liebevollen Details, wie etwa diesem grasbewachsenen Elfenhäuschen in einem Vorgarten (unten). Beim im Wikingerstil erbauten Restaurant Fjörukráin gehört ein aus Holz geschnitzter Thor zum Inventar (rechts).

4 Hafnarfjörður

Wikinger und Elfen in der Großstadt

Südlich von Reykjavík liegt Hafnarfjörður. Die drittgrößte Stadt Islands ist mittlerweile so mit der Hauptstadt verwachsen, dass sie von vielen für einen Vorort gehalten wird. Doch es lohnt sich, die Ortschaft genauer zu erkunden.

Wer sich die Zeit nimmt, durch den Ort zu spazieren, dem fallen die vielen Lavahügel auf, um die herum die Häuser und Straßen sorgsam gebaut wurden. Nicht wenige Anwohner sind davon überzeugt, dass hier Elfen wohnen. Das Medium Erla Stefánsdóttir hat sogar einen Stadtplan entworfen, in dem die angeblichen Wohnungen der Elfen, Trolle und Zwerge eingezeichnet sind. Er kann in der örtlichen Touristeninformation erworben werden. Auch das Heimatmuseum berichtet über das *huldufólk*, das »verborgene Volk«, an das so mancher Isländer glaubt.
Sehenswert ist auch der Skulpturenpark im Stadtzentrum mit Kunstwerken isländischer und internationaler Künstler.

Internationales Wikingerfest

Jedes Jahr Mitte Juni findet im Zentrum und rund um die neu erbaute Stabkirche ein Wikingerfest statt, das mehrere Tage dauert und zu dem Wikingerfans aus ganz Europa anreisen, vor allem natürlich aus Skandinavien. In leider gar nicht historischer Umgebung, dafür aber in möglichst originalgetreuer Gewandung empfinden viele begeisterte Nordmänner das Leben im mittelalterlichen Island nach. Zugleich ist das Festival auch der größte Mittelaltermarkt in Island: Handwerk, Kunst, Musik, Bogenschießen sowie traditionelle Speisen, schauspielerische Darbietungen und inszenierte Kämpfe erwarten die Besucher. Wer sich für Wikinger interessiert, der wird hier nicht enttäuscht werden.

WEITERE INFORMATIONEN:
www.hafnarfjordur.is (englisch)

5 Freilichtmuseum Árbæjarsafn

Historisches Architekturerbe

Vier Kilometer vom Reykjavíker Stadtzentrum entfernt liegt das Museum Árbæjarsafn. Es ist historisches, regionales und Freilichtmuseum zugleich und soll einen Einblick in die Lebensbedingungen der Bewohner von Reykjavík und Umgebung in früheren Jahrhunderten geben.

Einst befand sich hier die Farm Árbær, die dem heutigen Museum auch den Namen gab. Als der Hof im 20. Jahrhundert aufgegeben wurde, teilte er das Schicksal vieler alter Gebäude im sich damals rasant verändernden Island: Er verfiel. Um das historische Architekturerbe zu erhalten, werden in das Museum seit dem Jahr 1957 gut erhaltene historische Gebäude aus ganz Reykjavík verlegt, um sie vor dem Verfall zu bewahren. Heute bilden rund 30 Bürgerhäuser und Torfhütten aus den vergangenen zwei Jahrhunderten ein malerisches, sehenswertes Freilichtmuseum, das einem historischen Dorf gleicht.

Leben vor 200 Jahren

Die Grassodenkirche und die Häuser verschiedenster Epochen und Baustile sind innen ihrer Bauzeit gemäß ausgestattet. Im Sommer werden in dem Freilichtmuseum auch Nutztiere gehalten. Zudem zeigen altertümlich gekleidete Handwerker interessierten Besuchern, wie sich das Leben im 19. Jahrhundert abspielte. Selbst die Museumswärter tragen die Tracht der damaligen Zeit. Einen Besuch wert sind außer den Gebäuden auch die Ausstellungen und Festivals auf dem Gelände, so etwa die Handwerkertage oder die Oldtimershows. Im Sommer haben auch ein Café sowie zwei Geschenkeshops geöffnet.

WEITERE INFORMATIONEN:
www.minjasafnreykjavikur.is

Eine Reise nach Árbæjarsafn ist eine Reise in eine andere Zeit. Die liebevoll und detailreich eingerichteten Häuser und Werkstätten (unten) vervollständigen das Bild genau wie die historisch gekleideten freundlichen Museumsführer und Statisten (oben u. links).

Mineralablagerungen und Schwefelausdünstungen lassen die Erde in ungewöhnlichen Farben leuchten (oben), während blubbernde Schlammtöpfe beim genauen Hinsehen kurzlebige Miniaturkunstwerke schaffen (unten). Wenn das Wetter mitspielt, wirkt der See Kleifarvatn fast wie ein tropisches Gewässer (rechts).

6 Kleifarvatn

Kochende Erde, brodelndes Wasser

Die vulkanisch aktive Halbinsel Reykjanes erstreckt sich südlich von Reykjavík in den Atlantik. Das Gebiet wird immer wieder von kleinen Erdbeben erschüttert, und ein Vulkanausbruch gilt hier, in direkter Nähe zur Hauptstadt, als nicht unwahrscheinlich.

Mitten im Vulkansystem von Krýsuvík, im südlichen Teil der Halbinsel, liegt von heißen Quellen umgeben der See Kleifarvatn – genau auf der Verwerfungszone des Mittelatlantischen Rückens. Er ist über eine Piste zu erreichen. Sein Wasserspiegel wird von der vulkanischen Aktivität der Umgebung

bestimmt. So verlor der See nach einem großen Erdbeben im Jahr 2000 plötzlich 20 Prozent seiner Oberfläche, zudem wurden 2009 dort farbenfrohe heiße Quellen mit hohem Schwefelgehalt entdeckt, die allerdings den Fischen, vor allem Forellen und Saiblingen, nicht gut bekommen. Der See ist aufgrund seiner Nähe zur Hauptstadt ein beliebtes Ziel für Angler.

Thermodynamische Kräftefelder

Im Südwesten des Sees liegt unmittelbar an der Straße 42 das Hochtemperaturgebiet Austurengjar, das oft nach dem naheliegenden Vulkansystem und der Ortschaft Krýsuvík benannt wird. Plankenwege und markierte Pfade führen durch das farbenreiche Geothermalgebiet zu blubbernden Schlammtöpfen, Fumarolen und Maaren. Aufgrund des wachsenden Energiebedarfs der Großindustrie ist auch hier der Bau eines Geothermalkraftwerkes geplant. Das Gebiet würde durch die Anlage jedoch optisch und physisch verändert werden und als eines der letzten naturbelassenen Hochtemperaturgebiete auf Reykjanes verloren gehen.

7 Bláa Lónið

Heilsames Wasser in der Blauen Lagune

Bláa Lónið, die »Blaue Lagune«, liegt 22 Kilometer vom internationalen Flughafen Keflavík entfernt. Dieses beliebteste Thermalbad Islands ist durch reinen Zufall entstanden.

Aus 2000 Metern Tiefe wird im nahe gelegenen Geothermalkraftwerk Svartsengi seit 1976 ein 80 Grad Celsius heißes Gemisch aus Salz- und Süßwasser gewonnen, das durch Wärmetausch als Heizwasser für die umliegenden Ortschaften genutzt wird. Das abgekühlte Thermalwasser wird in das umliegende Lavafeld eingeleitet, wo es der Planung nach eigentlich in der porösen Lava versickern sollte. Tatsächlich bildete sich jedoch vor der surrealen Kulisse der riesigen silbernen Röhren des Kraftwerkes ein milchig-blauer See, der von pechschwarzen, mit graugrünem Moos bewachsenen Lavafeldern umschlossen wird. Die blaue Farbe stammt von der Kieselsäure, die vor allem blaue Strahlen reflektiert.

Die größte Badewanne der Region

Sehr bald begann die lokale Bevölkerung, in dem 37 bis 42 Grad Celsius warmen Wasser des 5000 Quadratmeter großen Sees zu baden. Untersuchungen ergaben, dass dieses Mineralsalze, Kieselerde und Algen enthält, die auf viele Hautkrankheiten eine heilende Wirkung haben. Badete man anfangs noch zwischen den scharfkantigen Lavasteinen unmittelbar am Kraftwerk, gab die wachsende Beliebtheit des Ortes schließlich den Anstoß zum Bau des modernen Kurbades. Seit 1999 ist die Blaue Lagune ein teures, hochmodernes und einzigartiges Badevergnügen, das sich kaum ein Reisender entgehen lässt.

WEITERE INFORMATIONEN:
www.bluelagoon.com

Die Nähe zum Flughafen bewegt viele Urlauber, kurz vor der Abreise noch schnell die Blaue Lagune (oben) zu besuchen. Im milchigen, heißen Wasser zu baden, ist bei jedem Wetter ein Genuss (links). Wer will, der kann den Tag im angegliederten Restaurant ausklingen lassen (unten).

Der Süden

Der Süden Islands ist voller landschaftlicher Kontraste. Auf engstem Raum drängen sich schwarze Sandstrände und Steilküsten wie bei Dyrhólaey (oben), Wasserfälle wie der Seljalandsfoss (unten) und eine schroffe, teils vergletscherte Bergwelt wie in der Þórsmörk (rechts). Auch aktive Vulkane wie Hekla und Eyjafjallajökull (Mitte) sind hier zu finden.

Vestmannaeyjarbær, das »Westmännerinseldorf«, schmiegt sich zwischen die hoch aufragenden Klippen der kleinen Insel Heimaey (oben). Die drolligen Papageitaucher (unten) sind das Wahrzeichen der Inselgruppe, die unweit der Küste Islands dem oft rauen Wetter trotzt (rechts).

8 Die Westmännerinseln

Leben auf dem Vulkan

Heimaey ist die größte der Vestmannaeyjar, der »Westmännerinseln«, und eine eigene kleine Welt. Rund 4100 Menschen leben ganzjährig auf dem nur 13,6 Quadratkilometer großen Eiland vor Islands Südküste. Auf der Insel gibt es allerdings so viel zu entdecken, dass man unbedingt länger verweilen sollte.

Die Vestmannaeyjar sind ein vulkanischer Archipel, der sich südlich des Eyjafjallajökull in den Atlantik erstreckt. Je nach Definition gehören dazu 15 bis 18 Inseln mit vielen weiteren Schären und Felsen. Die größte und einzig bewohnbare von ihnen ist die »Heimatinsel«, Heimaey. Dort liegt im Schutz einiger vorgelagerter Klippen, eines Lavafeldes und zweier Vulkankegel die gleichnamige Stadt, die im Vergleich zur geringen Inselgröße geradezu riesig wirkt. Heimaey, auch Vestmannaeyjarbær genannt, gehört dank seines Hafens und den umliegenden, sehr ertragreichen Fanggründen zu den reichsten Städten Islands. Da die Südküste Islands von Gletscherläufen und der Asche der zahlreichen Vulkane völlig versandet ist, ist Heimaey im weiten Umkreis die einzige Anlaufstelle für größere Schiffe.

Vielfalt auf kleinstem Raum

Heimaey ist in jeglicher Hinsicht eine höchst interessante Insel. Für Wanderfreunde gibt es hier auf kleinstem Raum unterschiedlichste Landschaften zu erkunden, die geradezu surreal anmuten. Der rote Kegel des jungen Vulkans Eldfell ragt 200 Meter über das leuchtend grüne Grasland auf, auf dem zutrauliche Schafe weiden. Hohe Klippen brechen steil in den Atlantik ab und ermöglichen eine atemberaubende Aussicht auf die Küste und die umliegenden Inseln des Archipels. Im neuen Lavafeld auf der Ostseite der Insel verstecken sich zahlreiche Höhlen – sowie ein Motocrossgelände und eine Mülldeponie.
In den begrünten Küstengebieten kommen Vogelfreunde voll auf ihre Kosten. Entlang der Küsten haben Papageitaucher die oberste Erdschicht mit ihren Nisthöhlen durchlöchert, während die darunterliegenden Steilfelsen von den weiß-grauen Leibern der Eissturmvögel und Dreizehenmöwen gesprenkelt sind. Die unteren Etagen werden von Trottellummen und Tordalken bewohnt. Verschiedene Walarten können häufig von den hohen Felsen oder auf einer Bootstour um die Insel beobachtet werden, ebenso wie Basstölpel, Sturmschwalben und Gryllteisten.

Es hat lange Tradition, dass Kinder Vogeljunge an der Küste freilassen (oben), die nachts von den Lichtern der Stadt angelockt wurden (rechts unten). Untergewichtige Küken werden vorher noch ein paar Tage aufgepäppelt (Mitte). Schafe weiden auf den Grasflächen Heimaeys, die von steilen Klippen begrenzt werden (unten und rechts oben).

Leben auf dem Vulkan

Bis vor wenigen Jahrzehnten brachte kaum jemand die Inseln mit Vulkanismus in Verbindung, lagen sie doch seit der ersten Besiedlung Islands ruhig im Meer. Nichts deutete darauf hin, dass sie zu einem jungen und aktiven Vulkansystem zählen. Doch 1963 öffnete sich der Meeresboden, und innerhalb von eineinhalb Jahren entstand die zweitgrößte Insel des Archipels: Surtsey, nach dem Feuerriesen Surtur benannt. Dennoch rechnete niemand damit, dass sich zehn Jahre später, am 23. Januar 1973, ein Vulkanausbruch auf Heimaey ereignen würde – nur einen Kilometer von der damals 5300 Seelen zählenden Stadt entfernt. Da am Tag zuvor ein schwerer Sturm geherrscht hatte und die ganze Fischereiflotte im Hafen lag, konnten alle Einwohner innerhalb weniger Stunden evakuiert werden. Wie durch ein Wunder kam niemand zu Tode. Fünf Monate dauerte der Ausbruch, bei dem sich die Insel um 20 Prozent vergrößerte. Ein Drittel von Heimaeys 1200 Häusern wurde von den Lavaströmen zerstört und der Rest unter einer meterdicken Ascheschicht begraben. Nur dem Kampfgeist der Inselbewohner ist es zu verdanken, dass der Hafen noch existiert. Obwohl die Situation vollkommen aussichtslos erschien, kühlten sie den Lavastrom über die gesamten fünf Monate hinweg mit Wasserwerfern und verhinderten so, dass noch mehr Häuser zerstört und der Naturhafen von der Lava verschlossen wurde. Über diese einzigartige Geschichte kann man sich am Lavafeld vor Ort, im Heimatmuseum sowie im kleinen Kino informieren.

Zähe Inselbewohner

Der Vulkanausbruch war nicht die einzige Katastrophe, die Heimaeys Bewohner in der Vergangenheit bewältigen mussten. Immer wieder ertranken Fischer, allein im 19. Jahrhundert kamen rund hundert auf dem Meer ums Leben. 1627 versklavten algerische Piraten den Großteil der Bevölkerung und verschleppten sie nach Nordafrika, das damals zum Osmanischen Reich gehörte. 50 Jahre später vernichtete die Eruption von Laki die Fischbestände der Südküste. Papageitaucher und andere Seevögel wurden damals zur wichtigsten Nahrungsquelle der Inselbewohner.

Eine stille Tragödie

Die Papageitaucher sind das Wahrzeichen der Westmännerinseln. Über eine Million Brutpaare konnte man hier zählen, dies entspricht etwa 20 Prozent der weltweiten Population der kleinen

Clowns im Frack. Seit 2007 hat sich die Situation jedoch entscheidend gewandelt: Der Sandaal ist urplötzlich an der gesamten isländischen Süd- und Ostküste verschwunden und macht sich auch im Westen und Norden Islands immer rarer. Von diesem unscheinbaren kleinen Fisch sind jedoch viele kleine Seevogelarten abhängig, weil er genau die richtige Größe hat, um von den Küken gefressen zu werden. Wissenschaftlern zufolge sind wohl mehrere Faktoren für das Verschwinden des Fisches verantwortlich. Weil sich durch den Klimawandel die umliegenden Meeresströme erwärmt haben, wandert der heimische Krill ab, der die wichtigste Nahrung der Sandaale darstellt. Parallel dazu sind die Bestände des Schellfisches extrem angewachsen, der sich wiederum von Sandaalen ernährt und somit in direkter Nahrungskonkurrenz zu den Seevögeln steht. In der Folge haben Papageitaucher, Küstenseeschwalben, Trottellummen und andere Vögel keinen Bruterfolg mehr. Sie brüten zwar, finden jedoch keine passende Nahrung, um ihre Küken zu ernähren. Diese verhungern, bevor sie flügge werden. Die Situation ist im Süden Islands innerhalb weniger Jahre so dramatisch geworden, dass auf Heimaey statt mehrerer zehntausend Küken im Herbst 2010 nur noch ein Dutzend registriert wurden. Die einstigen Kolonien sind verwaist; viele Brutpaare fliegen die Inseln schon gar nicht mehr an. Wenn sich die Lage in den kommenden Jahren nicht ändert, wird das Symboltier der Westmännerinseln bald ausgestorben sein.

ÞJÓÐHÁTÍÐIN Í VESTMANNAEYJUM

Einmal im Jahr findet auf Heimaey das größte Trinkgelage des Landes statt. Ursprünglich feierten Insulaner hier bei ihrem eigenen, privaten Nationalfest ihre mittlerweile über tausendjährige Geschichte und maßen sich in sportlichen Wettkämpfen. Heute aber verwandelt sich das Tal Herjólfdalur im Westen Heimaeys am Wochenende vor dem ersten Montag im August in eine riesige Freiluftparty, auf der die berühmtesten Bands Islands auftreten. Drei Tage und drei Nächte lang wird ununterbrochen gefeiert, getanzt – und getrunken. Im August 2010 fanden sich über 17 000 Menschen im Tal ein. Wer einmal die Isländer im Exzess erleben möchte, der ist hier goldrichtig. Wer allerdings Heimaey in Ruhe für sich entdecken möchte, der sollte seinen Besuch auf einen anderen Zeitpunkt legen.

WEITERE INFORMATIONEN

zur Þjóðhátíð: www.dalurinn.is

zu den Westmännerinseln:
www.visitwestmanislands.com
Heimatmuseum Heimaey:
safnahus.vestmannaeyjar.is/deutch
Vulkanfilm im Kino: tourist.eyjar.is

Der mächtige Skógafoss ist die Hauptattraktion des kleinen Ortes. Mit etwas Fantasie kann man in den umliegenden Klippen die Gesichter von Trollen entdecken (rechts unten). Das liebevoll eingerichtete Freilichtmuseum Skógasafn liegt nur wenige Hundert Meter vom Wasserfall entfernt (oben und unten).

9 Idyllisches Skógar

Am Wasserfall unter den Eyjafjöll

Unmittelbar südlich des Eyjafjallajökull liegt eine steile, vielfältige Küstenlandschaft. Dort stürzt der breite Wasserfall Skógafoss spektakulär über eine 62 Meter hohe Steilklippe, in der viele Eissturmvögel nisten. Daneben lockt der winzige Ort Skógar mit Hotel, Jugendherberge, Campingplatz und dem liebevoll eingerichteten Freilicht- und Heimatmuseum Skógasafn.

Die Landschaft unterhalb des Eyjafjallajökull wird von einer hohen Steilküste geprägt, an die sich ein schmaler fruchtbarer Küstenstreifen anschließt. Die hohen Felsen unterhalb des Gletschervulkans waren die Küstenlinie in der letzten Eiszeit, als das Land durch das Gewicht der Gletscher tief ins Meer gedrückt und dort von der Brandung des Nordmeeres zu steilen Klippen abgeschliffen wurde. Als die Gletscher am Ende der Eiszeit schmolzen, stieg das von der Eislast befreite Land im Süden Islands 50 bis 60 Meter aus dem Meer auf. Heute rauschen zahlreiche Wasserfälle von den ehemaligen Klippen in die Tiefe, darunter auch der Skógafoss. Dieser mächtigste Wasserfall der Südküste zählt ohne Zweifel auch zu den schönsten des Landes.

Der Waldwasserfall

Skógar ist so klein, dass es den Namen »Ort« gar nicht verdient. Ein Campingplatz, eine Jugendherberge und ein Edda-Hotel stehen in unmittelbarer Nachbarschaft zum Wahrzeichen der Gegend, dem Wasserfall Skógafoss. Der Name Skógar, »Wald«, lässt Rückschlüsse auf die Vegetation zur Zeit der Besiedlung zu. Damals war der Skógarfoss vermutlich von einem ausgedehnten Waldgebiet umgeben. Spektakulär donnert die 25 Meter breite weiße Wasserwand 62 Meter in die Tiefe; bis auf wenige Meter kann man sich dem rauschenden Vorhang aus Wasser nähern. Wer sich an einem sonnigen Tag in die Gischt des Skógafoss wagt, sieht sich oft im Mittelpunkt eines Regenbogenkreises stehen.

Seitlich des Wasserfalles führen ausgetretene Treppenstufen die Steilklippe hinauf. Auf halber Höhe präsentiert sich der Skógafoss noch einmal in all seiner Pracht, bevor man an seiner Fallkante nur wenig mehr sieht als tosende Wassermassen, die in der Tiefe verschwinden. Hier oben beginnt die Wanderung über den Fimmvörðuháls, die innerhalb von ein bis zwei Tagen über den 1100 Meter hohen Pass zu den neuen

Vulkankratern und hinunter in die Þórsmörk führt. Der Aufstieg lohnt sich auch dann, wenn man nicht die Zeit und Kondition mitbringt, um den ganzen Bergrücken zu besteigen. Der Skógafoss ist nämlich nur der letzte einer ganzen Reihe von jeweils ganz typischen Wasserfällen. Kaum hat man einen passiert, kommt auch schon der nächste in Sicht. Manche bieten auch von Norden eine fantastische Aussicht auf die Küstenebene und das Meer.

Im Museumsdorf

Mindestens ebenso berühmt wie der Wasserfall ist Skógars 1949 gegründetes Heimat- und Freilichtmuseum Skógasafn. Mittlerweile 90 Jahre alt ist sein Direktor Þórður Tómasson, und noch immer führt er regelmäßig Gäste durch sein Lebenswerk. Alle dort ausgestellten 12 000 Exponate hat er in den vergangenen Jahrzehnten aus den umliegenden Gegenden zusammengetragen. Auf dem Außengelände stehen liebevoll eingerichtete Torfhöfe und Holzhäuser aus den vergangenen zwei Jahrhunderten, darunter auch eine kleine Schule und eine Kirche. Das eigentliche Museum hütet Þórðurs ganzen Stolz: das besegelte, mit acht Rudern ausgestattete Brandungsboot »Pétursey«. Es konnte bei hoher Brandung von der versandeten Küste abseits der Häfen zu Wasser gelassen werden. Neben alten Büchern und Musikinstrumenten stehen auch sehr skurrile Dinge in den Vitrinen: so etwa ein Ring von Johann K. Petursson, dem mit 234 Zentimetern größten Isländer, der jemals lebte, eine handgefertigte hölzerne Waschmaschine, eine lautstarke Mausefalle und Schlittschuhe aus Schafsknochen.

In einer benachbarten Halle ist ein Verkehrsmuseum untergebracht. Dort zeigen alte Autos, Boote und Pferdeartikel die Verkehrsentwicklung Islands im Laufe der Zeit. Nicht nur an verregneten Tagen lässt sich hier eine höchst interessante und lehrreiche Zeit verbringen!

AUSRITTE AUF ISLANDPFERDEN

Das Islandpferd ist den Isländern heilig. Überall im Land gibt es kleine Familienbetriebe, die die bunten, charakterstarken Pferde züchten und reitfreudigen Besuchern das Land vom Pferderücken aus zeigen. Bei Skógar bieten die beiden Farmen Ýtri-Skógar und Skálholt Ausritte an die Küste oder gar hinauf auf das Hochland unterhalb des Eyjafjallajökull an – in sehr persönlicher Atmosphäre und kleinen Gruppen.

WEITERE INFORMATIONEN

zu Reittouren, Übernachtungen und weiteren Aktivitäten in der Umgebung Skógar:

www.eyjafjoll.com

Viele weitere kleine Privatanbieter von Reittouren Island-weit sind in der kostenlosen Broschüre »Rund um Island« abgedruckt, die in allen Touristeninformationen ausliegt und über Übernachtungsmöglichkeiten, Dienstleistungen und Infrastruktur der Siedlungskerne Islands informiert.

Informationen zum Museum Skógar findet man unter www.skogasafn.is

Die erste Eruption auf dem Fimmvörðuháls füllte die Schlucht Hrunagil bei Þórsmörk meterhoch mit Lava (unten). Wochenlang schraubte sich später eine kilometerhohe Aschewolke in den Himmel, die besonders bei Sonnenuntergang ein spektakulärer Anblick war (rechts). Die Farmer betrachteten die Wolke jedoch mit großer Sorge (oben).

10 Eyjafjallajökull

Der Vulkan, der die Welt in Atem hielt

Jahrelang verband man Island vor allem mit beeindruckender Natur, struppigen, charakterstarken Pferden, der Sängerin Björk, vielleicht auch mit der Gruppe Sigur Rós, und schließlich mit der Finanzkrise. Im Frühjahr 2010 lenkte sich die geballte Aufmerksamkeit jedoch kurzfristig auf einen 1666 Meter hohen Gletschervulkan, an dessen Namen sich die Welt die Zunge verknotete: ÄJ—ja—FIAT—la—JÖÖ—kütl.

Island verdankt seine Entstehung der Kontinentaldrift. Hier, genau auf dem mittelatlantischen Rücken, driften die nordamerikanische und die eurasische Platte jährlich etwa zwei Zentimeter auseinander. Die Insel bricht jedoch nicht entzwei, da ständig heißes Gestein aus dem Erdinneren nachströmt. Nicht weniger als 30 aktive Vulkane liegen auf Island, etwa alle fünf Jahre kommt es zu einer Eruption. Manche sind nur kurz und schwach und werden von den Einheimischen spöttisch als »Touristenausbrüche« bezeichnet. Als jedoch im Jahr 2010 der Vulkan im Gletscher der Eyjafjöll ausbrach, wurde die Welt daran erinnert, dass Eruptionen auf der kleinen Insel auch verheerende Folgen nach sich ziehen können.

Fimmvörðuháls – der Touristenausbruch

Am 20. März 2010 öffnete sich zwischen Eyjafjallajökull und Mýrdalsjökull auf der Hochebene Fimmvörðuháls eine feuerspeiende Spalte. Bei diesem sogenannten effusiven Vulkanausbruch wurde die Lava nicht explosiv herausgeschleudert, sondern strömte relativ ruhig aus. Rot glühend floss sie über den eisfreien Bergrücken und fiel schließlich in einem über 200 Meter hohen Lavafall in die Schlucht Hrunagil hinab. Zu Tausenden kamen in den folgenden Wochen Schaulustige aus Island und aller Welt angereist, um sich bis auf wenige Meter dem Lavastrom zu nähern und die bis zu 150 Meter hohen Lavafontänen zu bestaunen. Als in der zweiten Aprilwoche die Lavaströme versiegten, wurde der Ausbruch am 12. April für beendet erklärt.

Eyjafjallajökull – die explosive Phase

Zwei Tage danach brach am Morgen des 14. April 2010 direkt im Gipfelkrater des Eyjafjallajökull eine zwei Kilometer lange Spalte auf. Riesige Lavamengen trafen auf die 200 Meter dicke Eisschicht des darüber liegenden Gletschers, und es entstanden mehrere Tausend Meter

Nach starken Eruptionen sah man in der Aschewolke immer wieder Blitze (oben). Zeitweise verdunkelte die dichte Wolke sogar die Sonne (rechts oben). Bei Nacht aber tanzten Nordlichter über dem Krater (rechte Seite unten). Fingerdick legte sich Asche über das Umland (unten) und bildete während der Schneeschmelze interessante Muster aus (Mitte).

hohe Asche- und Dampfwolken sowie mehrere Gletscherläufe.

Die Gebiete in unmittelbarer Umgebung des Vulkans wurden evakuiert und 500 Menschen in Sicherheit gebracht. Man fürchtete eine Flutwelle, die das Flussbett des Gletscherflusses Markarfljót verlassen und umliegende Farmen beschädigen könnte. Tatsächlich brachte das von Asche und Lava durchsetzte Schmelzwasser den Wasserstand des Markarfljót zum Steigen, richtete aber dank der Schutzwälle entlang des Flusses wenig Schaden an. Nur ein Sommerhaus und Teile der Ringstraße wurden beschädigt.

Bis zum Ende des Vulkanausbruchs am 23. Mai hielt der Eyjafjallajökull die Welt in Atem. Die Aschewolke wurde in bis zu zehn Kilometer Höhe mehrmals über die Nordsee und Nordwesteuropa getrieben, erreichte sogar Zentralrussland, den Alpenraum und auch den Mittelmeerraum. Da man fürchtete, dass die Vulkanasche die Triebwerke der Flugzeuge beschädigen könne, wurden zahllose Flüge storniert und es kam zu massiven Behinderungen im internationalen Flugverkehr. Weltweit saßen Passagiere an Flughäfen fest oder versuchten anderweitig ihr Ziel zu erreichen. Die Anwohner europäischer Flughäfen erlebten dagegen einige klare, ruhige Sommertage ohne Flugzeuglärm und Kondensstreifen.

Der Eyjafjallajökull indes änderte in einem faszinierenden Naturschauspiel ständig seine Aktivität. Blitze zuckten in der durch die Aschemengen statisch aufgeladenen Wolke, und riesige Lavabrocken wurden Hunderte Meter hoch aus dem Krater herausgeschleudert. Als sich die Zusammensetzung der nachströmenden Lava änderte, wurde weniger Asche, dafür aber mehr Lava produziert. Sie schmolz sich durch den Gletscher und erzeugte eine gigantische weiße Dampfwolke, die vor der tiefschwarzen Aschewolke aufstieg.

Währenddessen bangten die Bewohner der Region um ihre Existenz. Die Farmer im Umland des Eyjafjallajökull produzieren rund 20 Prozent von Islands Milch. Doch nun wussten sie nicht, ob sich ihr Land nach dem Vulkanausbruch noch zur Viehhaltung eignen würde. Zum Glück für die Bauern hielt sich der Ascheausstoß in Maßen und der Vulkanstaub fungierte als Dünger, sodass sie nach dem Ausbruch sogar Rekordernten einfuhren. Die Menschen Südislands kamen noch einmal mit einem blauen Auge davon.

Wanderung zur heißen Lava

Die Eruptionsstätte des Fimmvörðuháls liegt genau auf dem gleichnamigen Wanderweg, der von Skógar in die Þórsmörk führt. Auf ehemals 985 Metern Höhe sind dort zwei neue Berge entstanden, die nach den Söhnen des Don-

nergottes Thor, Magni und Móði benannt wurden. Das Gestein der 1067 und 1032 Meter hohen Krater wird auch in den nächsten Jahren noch so heiß sein, dass man sich daran verbrennen kann. Der gut markierte Weg zum Lavafeld ist teilweise sehr abschüssig und verlangt Schwindelfreiheit. Die komplette, 23 Kilometer lange Wanderung von Skógar in die Þórsmörk überbrückt einen Höhenunterschied von 1100 Metern und wird in der Regel in ein bis zwei Tagen begangen. Sie wird gerne als Verlängerung des Laugavegur-Wanderweges genutzt.

Der Fimmvörðuháls sollte als alpiner Wanderweg nur bei gutem Wetter und ausreichend informiert in Angriff genommen werden. Da dort oben sehr viel feine Asche liegt, wird besonders bei windigem Wetter die Mitnahme von Sonnenbrille und Atemschutzmaske empfohlen – daran wird sich auch in den kommenden Jahren nichts ändern. Vor allem für Menschen mit Atemwegserkrankungen sei diese Empfehlung ans Herz gelegt. Der ideale Startpunkt für eine Tageswanderung zur Eruptionsstätte ist Þórsmörk Básar.

Für sportliche Wanderer ist die Besichtigung innerhalb eines Tages auch von Skógar aus zu bewältigen, allerdings sind dabei doppelt so viele Kilometer zurückzulegen. Eine kleine Hütte in relativer Nähe zu den neuen Vulkankratern bietet Übernachtungsmöglichkeiten, die aber unbedingt im Voraus gebucht werden müssen.

Sowohl vom Fimmvörðuháls als auch von der Westflanke des Vulkans aus ist die auf vielen Karten eingezeichnete Wanderung zum Hauptkrater des Eyjafjallajökull nur erfahrenen Bergsteigergruppen mit entsprechender Gletscherausrüstung zu empfehlen, da sich unter der Asche Gletscherspalten verstecken. Isländische Wandervereine bieten geführte Touren sowohl zum Lavafeld als auch zu dem dem Hauptkrater im Vulkan an.

BLICK AUF DEN VULKAN

Bei gutem Wetter ist die Besichtigung des Eyjafjallajökull von vielen Orten aus möglich. Am eindrucksvollsten präsentiert sich der Krater des Vulkans von seiner Nordseite her. Mit normalen Pkw empfiehlt es sich, in Hvolsvöllur die Abzweigung auf die Straße 261 nach Fljótshlíð zu nehmen. Dort kann man in der kleinen Jugendherberge Fljótshlíð mit Blick auf den Krater übernachten.

Wer Vulkanasche sehen möchte, dem sei ein Ausflug in die Þórsmörk empfohlen. Nach mehreren Kilometern holpriger Auto- oder Busfahrt und mehreren Flussüberquerungen sieht man die Auswirkungen der Schmelzwasserfluten an der ehemaligen Gletscherlagune bei Gígjökull deutlich an den meterhohen Schuttwänden und tiefen Spalten im Fels.

WEITERE INFORMATIONEN

Hütte auf dem Fimmvörðuháls und Führungen: www.utivist.is
Geführte Wanderungen: www.fi.is, www.mountainguides.is
Informationen zu Vulkanaktivität und Wettervorhersage: www.vedur.is
Jugendherbergen: www.hostel.is

Die gewaltigen Eruptionen des Eyjafjallajökull boten einen spektakulären Anblick. Glühende Gesteinsbrocken und Glutwolken wurden Hunderte von Metern in den Himmel geschleudert. Zugleich floss ein Lavastrom durch das Gletschereis und dieses schmolz in einer weißen Wasserdampfwolke.

Die Schlucht Stakkholtsgjá ist eines von vielen grünen Tälern entlang von Þórsmörk (oben). Jung und Alt zieht es in die grüne Idylle (unten), wo man am Fuß des Eyjafjallajökull übernachten kann, etwa in Langidalur (rechte Seite unten). Auf dem warmen neuen Lavafeld auf dem Fimmvörðuháls wird noch lang der Schnee schmelzen (rechte Seite oben).

11 Berglandschaft Þórsmörk

Im Wald des Donnergottes Thor

Þórsmörk liegt im Schutz zerklüfteter Berge zwischen Gletschern und mächtigen Flüssen. Der bewaldete Bergrücken gehört zu den beliebtesten Reisezielen der Isländer. Auf dem Weg dorthin lässt sich die Krossá nur in Superjeeps und hochgesetzten Bussen furten. Wohl in keinem anderen Gletscherfluss der Insel sind mehr Fahrzeuge stecken geblieben.

Abgegrenzt von den drei Flüssen Krossá, Markarfljót und Þröngá hat in der Þórsmörk ein kleiner Birkenwald der Überweidung des 19. und 20. Jahrhunderts trotzen können. Nach dem Ausbruch des Vulkans Katla im Myrdalsjökull im Jahr 1918 wurde »Thors Wald«, so die deutsche Übersetzung für Þórsmörk, großräumig abgezäunt und konnte sich der Birkenwald auch dank tatkräftiger Aufforstungsbemühungen wieder ausbreiten. Für Mitteleuropäer ist der niedrige Baumbewuchs entlang des kargen Bergrückens kaum die Bezeichnung »Wald« wert, Isländer aber sind stolz auf ihre grüne Þórsmörk. Auch deshalb erwartet den Reisenden an manchen Wochenenden ein unerwarteter Anblick. Hat man die rumpelnde Fahrt über die unbefestigte Piste und durch brückenlose Bäche überstanden, wundert man sich an manchen Sommerwochenenden über den Rummel, der an den drei Hütten des Gebietes herrschen kann. Halb Reykjavík scheint es bei gutem Wetter in das etwa 150 Kilometer entfernte Tal zu ziehen. Familien sitzen lautstark diskutierend um große Holzkohlengrille, auf denen Lammkeulen garen, während Männer mittleren Alters begeistert vor ihren tropfenden Superjeeps stehen und über die Größe ihrer Autoreifen fachsimpeln.

Hütten und Campingplätze

Drei Hütten stehen entlang des Gebirgszuges: Básar im Tal Goðaland, Langidalur in der eigentlichen Þórsmörk, und Húsadalur im Flusstal des Markarfljót. Ihnen allen sind Campingplätze angegliedert, auf denen man sich vom eventuellen Trubel isländischer Gruppen zurückziehen kann, und jede gefällt mit einem ganz eigenen Charme. Básar liegt direkt am nördlichen Ende des Fimmvörðuháls-Wanderweges und verfügt über gute Einrichtungen auch für Camper. Langidalur ist landschaftlich am interessantesten gelegen. Ihr Campingplatz verteilt sich ringsum in einem kleinen Tal und bietet einen fantastischen Ausblick auf den Gletscher des Eyjafjallajökull. Die Hüttenwarte betreiben einen winzigen Laden, in dem sie während der Hochsaison Süßigkeiten, Brot und Nudelsuppen verkaufen. Die wenig windgeschützte Jugendherberge in Húsadalur gleicht einem Hüttendorf und verfügt im Gegensatz zu den anderen Hütten über Strom und Internetzugang. Sie ist zudem über zwei Linienbusse, die täglich zwischen Húsadalur und Reykjavík pendeln, am besten an die öffentlichen Verkehrsmittel angebunden.

Gipfelglück und Wasserfälle

Für Wanderfreunde ist Þórsmörk ein äußerst lohnendes Ziel. Von kurzen Abendspaziergängen bis zu den Mehrtageswanderungen Laugavegur und Fimmvörðuháls lassen sich hier auf markierten Wanderwegen zahlreiche Touren unterschiedlicher Länge und Anforderungen unternehmen. Besonders beliebt sind die Kurzwanderungen, die direkt an den Hütten beginnen. Nur 90 Minuten etwa dauert von Langidalur oder Húsadalur aus der Rundweg über den Gipfel des Valahnúkur, rund die gleiche Zeit muss man von Básar aus für die Besteigung des Útigönguhöfði einplanen. Informationen zu den möglichen Wanderrouten und eventuell auch Kartenmaterial erhält man bei den Hüttenwarten vor Ort.

Doch unabhängig davon, welche Berge man nun erklimmt oder Seitentäler erkundet – die Aussicht auf die schroffen, grau-grünen Steiltäler unter den schneeweißen bis ascheschwarzen Gletschern ist islandweit einmalig! Beeindruckende Naturphänome sind etwa Lavabögen wie der Steinbóginn im Tal Stóri Enda oder die von einem kleinen Gletscherfluss geformte Stakkholtsgjá. Bei einer Wanderung in der wunderschönen Schlucht muss man den Fluss mehrmals überqueren und einige große Felsen erklimmen, bis man schließlich zu einer Grotte gelangt, in der im Verborgenen ein verwunschener kleiner Wasserfall rauscht.

ÞÓRSMÖRK NACH DEM VULKANAUSBRUCH

Die Þórsmörk liegt unmittelbar am Eyjafjallajökull. Obwohl hier während der Eruption nur ein bis drei Zentimeter Asche niedergingen, muss in den kommenden Jahren immer wieder mit feinem Vulkanstaub in der Luft gerechnet werden. Dieser wird von den Gletscherflüssen ins Tal gespült und an sonnigen Tagen von Windböen aufgewirbelt. Nach Regenschauern präsentiert sich die Þórsmörk jedoch so grün und staubfrei wie vor dem Vulkanausbruch.

Das Mitführen einer Atemschutzmaske oder Schutz- oder Sonnenbrille ist normalerweise nicht notwendig, aber denen zu empfehlen, die mehrere Tage hintereinander in der Umgebung wandern wollen oder an Asthma leiden. Allen Menschen ohne Atemwegserkrankungen kann allerdings nur ans Herz gelegt werden, die Þórsmörk gerade wegen ihrer Nähe zum Eyjafjallajökull zu besuchen und die graue Landschaft zu bestaunen.

WEITERE INFORMATIONEN

zu den Übernachtungsmöglichkeiten
www.fi.is (Langidalur), www.hostel.is (Húsadalur), www.utivist.is (Básar).
Linienbusse: www.bsi.is

Aus dem von Lavaströmen geprägten Umland ragt die Kuppe der Hekla, die bis in den Spätsommer hinein mit Schnee bedeckt ist (oben). Der alte Hof Stöng, Þjóðveldisbær (rechts), wurde so originalgetreu wie möglich rekonstruiert (unten).

12 Der Vulkan Hekla

Am Eingang zur Hölle

Die Hekla ist Islands berühmtester Vulkan. In vorhistorischer Zeit war sie für gigantische Ascheeruptionen verantwortlich, die das weltweite Klima beeinflussten. So wird vermutet, dass etwa die Missernten und Hungersnöte unter der Regierung von Ramses III. im alten Ägypten auf die Asche der Hekla zurückzuführen sind.

Die 1491 Meter hohe Hekla gehört zu den drei aktivsten Vulkanen Islands und ist 6600 Jahre alt. Bei ihrem letzten großen Ausbruch im Jahr 1104 begrub die Hekla halb Island unter ihrer Asche. Damals wurden viele Bauernhöfe zerstört, darunter der Hof Stöng im oberen Þjórsárdalur. Die Überreste des Langhauses im Wikingerstil wurden im Jahr 1939 von Archäologen freigelegt und 1974 als originalgetreue Rekonstruktion wieder aufgebaut. Das eindrucksvolle Freilichtmuseum Þjóðveldisbær steht an der Straße 32 in unmittelbarer Nähe zum Wasserkraftwerk Búrfellsvirkjun.

Fluch und Naturphänomen

In den vergangenen Jahrhunderten ist die Hekla in Intervallen von zehn bis 80 Jahren ausgebrochen und hat dabei unterschiedlichen Schaden angerichtet. In Europa ist sie seit dem Mittelalter als »Eingang zur Hölle« bekannt. Aus der Zeit stammt wohl auch der in Schweden heute leicht altmodische Fluch »Dra åt Häcklefjäll!« (Fahr doch zur Hekla!), der als Synonym für »Fahr zur Hölle!« gebraucht wird. Die bisher letzte Eruption des Vulkans fand übrigens im Jahr 2000 statt und währte nur wenige Tage. In ihren Ruhephasen ist die Hekla oft bis in den Spätsommer hinein mit Schnee bedeckt.

WEITERE INFORMATIONEN:
www.thjodveldisbaer.is (nur auf Isländisch)

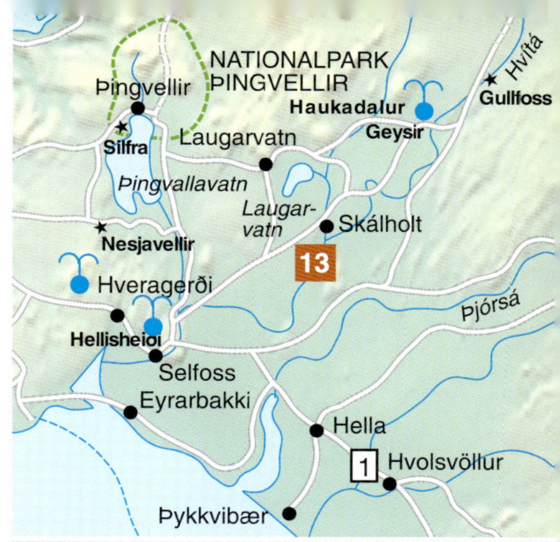

13 Der Bischofssitz Skálholt

Das historische Machtzentrum Islands

Das geschichtsträchtige Skálholt war von 1056 bis 1801 ein mit reichen Ländereien ausgestatteter Bischofssitz sowie das kulturelle und politische Zentrum des Landes. Insgesamt residierten hier 31 katholische und zwölf protestantische Bischöfe.

Der Ort Skálholt besteht lediglich aus der relativ großen Kirche, dem Wohnsitz des Weihbischofs und einem Schulgebäude. Der heutigen Kirche von 1963 gingen viele Vorgängerinnen voraus, wurde doch hier vermutlich bereits vor 1000 eine der ersten Kirchen Islands errichtet. Im 12. Jahrhundert importierte der damalige Bischof Klængur Þorsteinsson auf zwei großen Schiffen eine prächtige Stabkirche. 48 Meter lang, 22 Meter breit und 13 Meter hoch, zählt sie bis heute zu den größten jemals gebauten Kirchen der Insel. Hundert Jahre lang galt die Kathedrale als das bedeutendste Gebäude des Landes, bevor sie infolge eines Blitzschlags im Jahr 1309 niederbrannte.

Bedeutendes Kulturzentrum

Die heutige Kirche besticht ebenfalls durch ihre Größe, aber auch durch ihre moderne künstlerische Ausstattung sowie die historischen Artefakte, die in den Kirchen die Jahrhunderte überdauert haben. In der Krypta ist beispielsweise der aufwendige Tuffsteinsarg des Bischofs Páll Jónsson aus dem frühen 13. Jahrhundert ausgestellt. Jedes Jahr im Sommer finden in der Kirche klassische Konzerte mit internationalen Künstlern statt.

WEITERE INFORMATIONEN:
www.skalholt.is (nur auf Isländisch)

Auch heute ist dem ehemaligen Bischofssitz Skálholt seine Bedeutung noch anzusehen (oben). Sehenswert ist die sakrale Kunst in der Domkirche, wie etwa das moderne Christusbild (unten) und die bunten Glasfenster der hohen Fassaden (links).

Filigran fällt der Seljalandsfoss von der grünen Steilklippe unmittelbar neben der Ringstraße herab (oben). Wer seine Füße erfrischen möchte, der kann auch zwischen den Felsen zum nächsten kleineren Wasserfall laufen (rechts).

14 Der Wasserfall Seljalandsfoss

Unterhalb der Eyjafjöll

Wo sich der Eyjafjallajökull aus der weiten Schwemmlandebene des Südens erhebt, beginnt ein Küstenstreifen mit einzigartigen Wasserfällen. Dort strömt ein unscheinbarer kleiner Bach die südöstliche Seite des Gletschervulkanes hinab, der auf seinem Weg doch beachtliche Kräfte entfaltet.

So formt der Seljalandsá die Schlucht Tröllagilsmýri und bringt unzählige kleine Wasserfälle hervor, bevor er die ehemalige Steilküste erreicht. Seit sich das Land hier nach der Eiszeit um 60 Meter anhob, stürzt der Seljalandsfoss in die von Gletscherfluten geformte Ebene und mündet kurz darauf in den Fluss Markarfljót. Schon von Weitem sieht man den schmalen, nur einen Kilometer von der Ringstraße entfernten Wasservorhang, an dessen Fuß selbst die Linienbusse haltmachen.

Märchenhafte Szenerie

Um den wie verwunschen wirkenden Wasserfall führt ein schmaler, matschiger Rundweg durch die nasse Gischt hindurch zu einem geräumigen Hohlraum im Fels. Wer den Wasserfall von hinten betrachten will, sollte unbedingt Regenkleidung tragen! Die eleganten Wasserschleier sind so fotogen, insbesondere wenn sich das Abendlicht darin bricht, dass der Seljalandsfoss so manchen Bildband und Kalender ziert. Mit Recht zählt man ihn zu den schönsten und ungewöhnlichsten Naturwundern Islands. In seiner Nähe gibt es einen kleinen, einfach ausgestatteten Campingplatz, auf dem man nächtigen kann.

15 Fjaðrárgljúfur

Ein Canyon aus Tuff

Abenteuerlich zerklüftet ist die Schlucht Fjaðrárgljúfur, die zu den unbekannteren Naturwundern Islands zählt. Bei niedrigerem Wasserstand ist es ein besonderes Erlebnis, den Bachlauf ein Stück weit zwischen den steilen Wänden der Schlucht entlangzulaufen.

Bei Vulkanausbrüchen unter Gletschern zerreißt der Temperaturunterschied die Basaltmagma in kleine poröse Bruchstücke, die sich mit der Zeit zu zusammenhängendem Tuff verfestigen können. Welch guten Angriffspunkt das vergleichsweise weiche Gestein der Erosion bietet, lässt sich unweit des kleinen Ortes Kirkjubæjarklaustur nachvollziehen. Dort hat sich im Lauf der Jahrtausende in einen flachen Bergrücken aus Tuff der kleine Fluss Fjaðrá gegraben.

Die Natur als Bildhauer

Zwei Kilometer lang windet sich die bis zu 100 Meter tiefe Schlucht Fjaðrárgljúfur durch die sanfte, grüne Hügellandschaft oberhalb des Lavafeldes Eldhraun. Die Erosion hat die Wände der Schlucht geradezu künstlerisch zu kühn geformten Felsen abgeschliffen, die hoch in den Himmel aufragen und die Fantasie des Betrachters anregen. Man erreicht die Schlucht, wenn man auf dem Weg nach Laki wenige Kilometer östlich von Kirkjubæjarklaustur dem Jeeptrack F206 ins Hochland folgt. Nach drei Kilometern auf der schlechten Schotterstraße führt eine Abzweigung in wenigen Hundert Metern zu einem Parkplatz vor einer Brücke. Dort beginnt die faszinierende Wanderung entlang der Ostseite der Schlucht, von wo aus man immer wieder faszinierende Einblicke hat.

WEITERE INFORMATIONEN:
www.nat.is/travelguideeng/kirkjubaejarklaustur.htm

Der Canyon windet sich mehrere Kilometer lang durch die saftig-grüne Landschaft westlich von Kirkjubæjarklaustur (links). Das Ende der Schlucht markiert ein kleiner Wasserfall (oben). In den empfindlichen Moospolstern kann man sogenannte Hexenringe entdecken, die von sporenden Pilzen stammen (unten).

Die kleine Ortschaft Vík liegt eng an einen Hügel geschmiegt unmittelbar am rauen Atlantik (oben). Bei Dyrhólaey hat man eine fantastische Aussicht auf die Steilfelsen (rechts), die vielen Vogelarten Lebensraum und Brutgebiet sind, so etwa auch dem Austernfischer (unten).

16 Im Schatten von Katla

Das verwunschene Umland des Mýrdalur

Vík í Mýrdal, die »Bucht im Sumpftal«, ist der südlichste Ort auf dem isländischen Festland. Der nahe Gletscher und gefürchtete Vulkan Mýrdalsjökull hat die Gegend geprägt und eine eigenwillige Landschaft aus steilen Bergen und abenteuerlichen Küsten geschaffen. Schwarze Lavastrände, bizarre Felsformationen und Vogelbeobachtung zählen zu den Höhepunkten eines Besuches.

Vík í Mýrdal, meist nur kurz Vík genannt, ist ein Dorf mit 300 Einwohnern zwischen hohen Bergen und dem stürmischen Atlantik. Sein Wahrzeichen sind die markanten Felsnadeln Reynisdrangar, die 66 Meter hoch vor einem schmalen Küstenstreifen aufragen. Einer Sage zufolge sind sie die Gestalten zweier Trolle, die einen Dreimaster zu sich in den Berg holen wollten. Als sich die Besatzung des Schiffes jedoch nach Kräften wehrte, vergaßen die Trolle die Zeit und wurden von der aufgehenden Sonne überrascht. Seitdem stehen sie zusammen mit dem Schiff zu Stein erstarrt im Meer. Der tiefschwarze Lavastrand zwischen den Felsnadeln und Vík wurde 1991 vom *Islands Magazine* zu einem der zehn schönsten Strände der Welt gekürt. Von einem Bad wird aber dringend abgeraten: Zum einen liegt die Wassertemperatur auch im Hochsommer bei unter 10 Grad Celsius, zum anderen haben die wilden Wellen des Atlantiks schon ahnungslose Spaziergänger in den Tod gerissen.

Schiffsfriedhof Südküste

Ein deutscher Gedenkstein am Strand von Vík erinnert daran, dass auch die berüchtigten Stürme und die Gegebenheiten vor der Küste Hunderte Menschenleben gefordert haben. Allein zwischen 1898 und 1952 gingen in der Islandfischerei 83 deutsche Fischdampfer verloren und kamen dabei über 1200 Seeleute zu Tode. Die isländische Südküste war besonders gefürchtet, da sich dort seichte Sandbänke im scheinbar tiefen Gewässer verstecken. Es gab kaum Leuchttürme oder dauerhafte Landmarken, die den Weg weisen konnten, und im versandeten Südisland keine Häfen, in denen sich die erschöpften Mannschaften ausruhen konnten. Übermüdet und unaufmerksam ließen sie die Schiffe einfach treiben – mitten auf die Strände, die weit ins Meer hineinragen. So sanken im vergangenen Jahrhundert allein vor Vík 112 Schiffe. Teile ihrer Ladung und Ausrüstung können heute noch im Heimatmuseum der Stadt betrachtet werden. Die Bauern der Umgebung

Vom Leuchtturm bei Dyrhólaey (rechts) sieht man das »Torloch« im Vulkanfels (unten). Der schwarze Lavastrand von Vík (oben) mit Blick auf die Felsnadeln von Reynisdrangar (rechte Seite unten). Bizarr wirken die Basaltsäulen unterhalb des Reynisfjall (rechte Seite oben); dort sind die Strände mit feingeschliffenen Kieseln bedeckt (Mitte).

nahmen die Überlebenden bei sich auf, ehe diese die Reise nach Reykjavík antreten konnten. Fracht und Ausrüstung der Schiffe nutzten sie auf pragmatisch-isländische Weise: Sie versteigerten sie. Kam wertvolle Fracht unter den Hammer, sprach man von einem »guten Schiffbruch«.

Gefährliche Katla

Der Mýrdalsjökull ist der viertgrößte Gletscher der Insel. Unter ihm verbirgt sich mit der Katla einer der aktivsten und gefürchtetsten Vulkane Islands. Deren Krater misst zehn Kilometer im Durchmesser und ist damit um ein Vielfaches größer als der des benachbarten Eyjafjallajökull. Die Katla brach im letzten Jahrtausend 20 Mal aus, durchschnittlich etwa zwei Mal pro Jahrhundert. Der letzte Ausbruch fand im Jahr 1918 statt, eine Eruption ist folglich längst überfällig.
Die Isländer fürchten den Vulkan wie wohl keinen anderen. Die Kombination aus Eis und Feuer führt auch hier immer zu höchst explosiven Eruptionen mit gewaltigen Aschemengen und Blitzen. Zudem wird die im Durchschnitt 300 bis 600 Meter dicke Eiskappe des Gletschers von der aufsteigenden Magma in kürzester Zeit geschmolzen. Die meisten Gletscherläufe ereigneten sich bislang auf den heute fast unbewohnten Sanderflächen östlich von Vík. 1918 waren die Fluten so gewaltig, dass 200 Meter lange Gletscherstücke mitgerissen wurden und sich die Küste durch die mitgeführte Asche um vier Kilometer ins Meer verlängerte. Ein solch mächtiger Gletscherlauf würde auch den unteren Teil der Ortschaft Vík gefährden. Selbst nach Skógar und in den Fluss Markarfljót könnten zukünftige Gletscherläufe abgehen. In diesem Fall wäre die gesamte fruchtbare Ebene der Landeyjar überflutungsgefährdet und selbst die Stadt Hvolsvöllur müsste evakuiert werden.

Am Strand von Reynisfjara

Wenige Kilometer westlich von Vík führt die kurze Straße 215 zu einem Parkplatz bei Reynisfjara. Dort versteckt sich an der Küste ein bildhübscher Strand, der leider oft von Autospuren verunstaltet wird. Blickt man gen Osten Richtung Vík, sieht man die versteinerten Trolle der Reynisdrangar aus nächster Nähe. Davor ist die hohe Steilküste des Reynisfjall wie eine überdimensionale Treppe mit riesigen hellgrauen Basaltsäulen geschmückt.

Südpunkt Dyrhólaey

Folgt man der Ringstraße weiter Richtung Westen, sieht man nach wenigen Kilometern die Straße 218 nach Dyrhó-

laey ausgeschildert. Die »Türlochinsel« ist der südlichste Punkt Islands. Auch sie ist ein alter Vulkan, der ursprünglich als Insel vor der Küste stand, durch die Gletscherläufe der Katla jedoch zu einer Halbinsel versandete. Die steilen Wände der Vulkanruine ragen bis zu 120 Meter aus dem Meer auf und bieten Küstenvögeln wie Papageitauchern, Trottellummen, Todalken und Basstölpeln Zuflucht. Die Halbinsel steht deshalb seit 1978 unter Naturschutz; der Zugang ist für Besucher während der Brutsaison im Mai und Juni eingeschränkt. Leider ist die Population der Papageitaucher, Trottellummen und Küstenseeschwalben in den vergangenen Jahren komplett eingebrochen. Wie auf den Westmännerinseln drohen die Kolonien der kleineren Vogelarten wegen des Mangels an Futterfisch zu verwaisen.

Auf Dyrhólaey gibt es aber nicht nur Vögel zu bestaunen. Eine Wanderung führt zu einem langen, schwarzen Strand, der an die von Höhlen durchsetzte Steilwand grenzt. Wie in Reynisfjara prägen bienenwabenförmige Basaltsäulen den Fels. Bekannt ist Dyrhólaey aber vor allem wegen eines gewaltigen Felsentores, das die Brandung in Jahrtausenden geschaffen hat. Den besten Überblick erhält man von dem markanten Leuchtturm, der die ehemalige Insel krönt. Von dort oben bietet sich ein grandioser Ausblick auf die gesamte Umgebung und den geradezu unwirklich erscheinenden Felsbogen. Durch das riesige Tor können Schiffe fahren und ist sogar schon einmal ein Kleinflugzeug geflogen. Aber Vorsicht: Die Abbruchkante ist lebensgefährlich! Unterhalb des Leuchtturms bröckelt es gewaltig.

DIE SCHÖNHEIT DER BASALTSÄULEN

Basalt ist das Vulkangestein, das weltweit am häufigsten vorkommt. Er ist für gewöhnlich dunkelgrau bis schwarz, sehr hart und weist eine besondere Eigenschaft auf: Er kann wunderschöne Säulen ausbilden. In Island sieht man diese bienenwabenförmigen Strukturen häufig. Sie entstehen, wenn sich bereits verfestigte Basaltlava ganz langsam weiter abkühlt. Wenn sie im Lauf dieses Prozesses an Volumen verliert, entstehen Risse, die senkrecht zu den Abkühlungsflächen verlaufen. In der Folge bilden sich meterlange fünf- oder sechseckige Basaltsäulen unterschiedlichen Durchmessers. Je nachdem, in welche Richtung sich der Stein abkühlt, wachsen diese Säulen gerade nach unten, fächerartig nach innen oder gar gebogen.

WEITERE INFORMATIONEN

zu Dyrhólaey und Bootsfahrten entlang der Küste:
http://www.dyrholaey.com
zu Übernachtungsmöglichkeiten und Aktivitäten in Südisland:
www.southiceland.com

Jökulsárlón ist der wohl außergewöhnlichste Ort Islands: Eisberge treiben vor der sich ständig wandelnden Gletscherkulisse (rechts). Schroffe Berge wie Vestrahorn bei Höfn (oben) und begrünte Steilklippen wie auf Papey (Mitte) prägen die Ostfjorde, die mit vielen kleinen Fischerdörfern und bunten Häfen aufwarten (unten).

Der Osten

Skaftafell lockt mit Wanderungen und Spaziergängen, wie etwa auf den höchsten Berg Islands (rechte Seite oben) oder zum filigranen Wasserfall Svartifoss, der im Winter von Eiszapfen geschmückt ist (rechte Seite unten). Die bunten Rhyolithberge bei Kjós (oben) liegen in direkter Nähe zur grauen Gletscherwelt des Vatnajökull (unten).

17 Wanderparadies Skaftafell

Zwischen Gletschern und Sandwüste

Eine Oase zwischen Gletschern und Sandwüste, so lässt sich Skaftafell wohl am besten beschreiben. Umringt von großen Gletscherzungen liegt ein sanfter, bewaldeter Höhenzug mit eleganten Wasserfällen. Wanderer kommen hier voll auf ihre Kosten, reicht doch das Angebot von leichten Spaziergängen auf befestigten Wegen bis zur anspruchsvollen Tour auf Islands höchsten Gipfel.

Bezeichnenderweise heißt die Region um Skaftafell Öræfi, »Ödland«. Weite Schotterebenen, die sogenannten Sander, und mächtige Gletscherflüsse trennen das kaum besiedelte Gebiet vom fruchtbar-grünen Süden des Landes. Weiß leuchtend ragt der größte Gletscher Europas vor der schwarzen, sandigen Küste auf. Umringt von den Schuttablagerungen der Moränen strecken sich seine Gletscherzungen zwischen schroffen, tief eingeschnittenen Bergketten dem Meer entgegen. Die wilde Schönheit des Gebietes hat man in Island schon früh erkannt. Bereits seit 1967 steht sie unter dem Schutz des Nationalparks Skaftafell, der im Lauf der Jahre ständig vergrößert wurde. Er gehört nun zum Nationalpark Vatnajökull, der den kompletten Gletscher und viele anliegende Landstriche umfasst und damit den größten Nationalpark Europas darstellt. Skaftafell wirkt wie eine Oase in der Wüste. Der Park steht mit seiner üppigen Vegetation im auffälligen Kontrast zu den schwarzen Sanderflächen und den weißen Gletschern der Umgebung. Die umliegenden Berge und Gletscher schaffen ein angenehmes Mikroklima mit häufig sonnigen Sommertagen, von dem nicht zuletzt die Tier- und Pflanzenwelt profitieren. So sind die Hänge des sanft ansteigenden Höhenzugs Skaftafellsheiði mit mannshohen Birken und Ebereschen bewachsen, und an seiner Westflanke gedeiht mit dem Bæjarstaðarskógur gar einer der größten Birkenwälder Islands.

Mächtiger Skeiðará

Der Gletscherfluss Skeiðará gehört zu den größten Strömen des Landes. Bis er im Jahr 1974 mit einer Brücke überspannt wurde, stellte er für Reisende ein großes Hindernis dar. In der Folge war das Umland des Hvannadalshnjúkur lange Zeit Islands abgelegenster Landstrich. Erst als genau hier vor rund 40 Jahren die letzte Lücke in der Ringstraße geschlossen wurde, war das Gebiet erstmalig zuverlässig an Westisland angebunden.

Trotz seiner Nähe zu steilen Gletscherzungen wie dem Skaftafellsjökull (rechte Seite unten) oder dem Svínafellsjökull (oben), die man auf geführten Touren erkunden kann (rechts oben), ist Skaftafell sehr grün, wie etwa beim Wasserfall Svartifoss (Mitte). Bei Kjós kann man hohe Felswände aus buntem Rhyolithgestein bestaunen (unten).

Der Skeiðará ist berüchtigt wegen der Gletscherläufe, die der aktive Zentralvulkan Grímsvötn im Gletscher Vatnajökull auslösen kann. Zuletzt war er im Mai 2011 aktiv und bescherte der Gegend mehrere Zentimeter Ascheniederschlag. Am Grímsvötn entstehen bei einem Ausbruch in kürzester Zeit ungeheure Wassermengen. So schmolz sich etwa am 1. Oktober 1996 die Eruption innerhalb von 30 Minuten durch den 500 Meter dicken Eispanzer des Gletschers. Die Wassermassen sammelten sich in subglazialen Seen und hoben den darüberliegenden Gletscher täglich um bis zu 20 Meter an. Erst über einen Monat später gab das Eis am 5. November 1996 dem Druck der Wassermassen nach, und eine riesige Flutwelle schoss aus dem Gletscher. Die von Asche und Eis durchsetzten Wassermassen strömten über die unbewohnten Sander des Skeiðarársandurs, rissen riesige Teile des Gletschers mit sich und beschädigten die Ringstraße schwer. Der Wiederaufbau von Brücke und Straße zog sich über Wochen hin, und noch heute sind die Überreste zerstörter Brücken entlang der Hauptverkehrsader zu sehen. Interessierte Besucher können sich in der Skaftafellsstofa einen Film über die Ereignisse ansehen. Das Besucherzentrum liegt unmittelbar am Parkplatz in Skaftafell und bietet eine Touristeninformation, ein Café sowie eine lehrreiche Ausstellung über die vulkanisch geprägte Geschichte der Gegend. Ein Besuch lohnt nicht nur bei schlechtem Wetter!

Die Qual der Wahl: wandern in Skaftafell

Skaftafell verfügt zwar nicht über Gästehäuser, jedoch über einen großen, modernen Campingplatz mit guter Infrastruktur und einem Komplex aus behindertengerechten sanitären Einrichtungen. Ein sehr gut ausgebautes Netz aus Wanderwegen erstreckt sich zwischen den Gletschern und bis hinauf zu den Kristínartindar-Bergen. Es wird von mehreren Rangern und Dutzenden Freiwilligen instand gehalten.

Die einfachste Wanderung in Skaftafell führt vom Parkplatz durch das von Moosen überwucherte Moränenfeld zum Rand des Gletschers Skaftafellsjökull. Entlang des rollstuhlgerechten Weges wurde ein Lehrpfad eingerichtet. Die mehrsprachige Broschüre mit den notwendigen Informationen erhält man im Besucherzentrum.

Die Hauptattraktion des Gebietes liegt gut versteckt im lichten Birkenwald der Skaftafellsheiði. Dort stürzt der kleine Wasserfall Svartifoss weiß schäumend über eine Felskante, die wie eine überdimensionale Orgel von Basaltsäulen eingerahmt wird. Den vier Kilometer langen Rundweg zum Wasserfall kann man beliebig verlängern, etwa zum Aussichtspunkt Sjónauki oder zum Museumshof

Sel. Ausführliche Informationen und Karten zu den Wanderungen, auch zu Ganztageswanderungen etwa auf die Gipfel der Kristínartindar oder zur Gletscherzunge Morsájökull, sind im Besucherzentrum am Parkplatz erhältlich.

Spannende Gletschertouren

Skaftafell ist ein perfekter Ausgangspunkt für Gletscherführungen. Tägliche Touren bieten zwei Veranstalter in kleinen Häusern am Parkplatz an. Wer sich auf die zweistündigen bis ganztägigen Gletscherwanderungen einlässt, wird in kleinen Gruppen in die Wunderwelt des Vatnajökull entführt. Die kurze Wanderung auf den Svínafellsjökull etwa führt zu blau leuchtenden Gletscherspalten und faszinierenden, farbigen Steinhügeln mitten auf dem Eis. Mit viel Glück erspäht man vielleicht sogar eine der kurzlebigen Eishöhlen im Gletscher.

Bei gutem Wetter bieten die Veranstalter auch die Besteigung von Islands höchstem Gipfel an. Die Wanderung auf den 2110 Meter hohen vergletscherten Vulkan Hvannadalshnjúkur ist lang und anspruchsvoll. Über 2000 Höhenmeter werden auf der 23 Kilometer langen Wanderung überwunden, die je nach Wetterlage und Kondition der Teilnehmer 10 bis 15 Stunden dauern kann. Ausgebildete Gletscherführer leiten die Seilschaft über anspruchsvolles Terrain und Gletscherspalten. Steigeisen, Eisaxt und Klettergeschirr gehören zur Standardausrüstung und werden gestellt, die Verpflegung müssen die Teilnehmer für jede Tour selber mitbringen. Da es vor Ort nur eine sehr eingeschränkte Einkaufsmöglichkeit gibt, deckt man sich am besten vor der Anreise in den Städten Höfn oder Kirkjubæjarklaustur mit den notwendigen Lebensmitteln ein.

FASZINIERENDES ÖDLAND

Der Hvannadalshnjúkur genannte Gipfel von Islands größtem Vulkan, Öræfajökull, ist 2110 Meter hoch und damit zugleich auch die höchste Erhebung Islands. Der vergletscherte Schichtvulkan brach im vergangenen Jahrtausend in den Jahren 1362 und 1727 aus. Der außerordentlich explosive Ausbruch von 1362 gilt als die weltweit viertgrößte Eruption seit dem Ende der Eiszeit und sorgte selbst in den Westfjorden noch für starken Ascheregen. Die Region um Skaftafell wurde daraufhin für lange Zeit unbewohnbar und erhielt damals ihren heutigen Namen: Öræfi (Ödland, Einöde, Wüste). Auch der Vulkan und der darauf befindliche Gletscher wurden umbenannt. Hieß er vor der Eruption noch Knappafellsjökull, so nennt man ihn heute Öræfajökull, »Gletscher der Einöde«.

WEITERE INFORMATIONEN

zu den Wanderwegen in Skaftafell:
www.vjp.is
Geführte Gletscherwanderungen werden angeboten von www.glacierguides.is und www.mountainguides.is

Auf einem Traktor mit Anhänger werden die Besucher durch das Watt gefahren (unten). Noch kann man entlang der Steilküste Papeys Papageitaucher beobachten (oben), denen man sich vorsichtig bis auf wenige Meter nähern kann (rechte Seite unten). Eine Schlittenhundtour über den Vatnajökull ist ein unvergessliches Erlebnis (rechte Seite oben).

18 Der Vogelfelsen Ingólfshöfði

Im Traktor übers Watt

Einige Kilometer östlich von Skaftafell beginnt beim Bauernhof Hofsnes ein Island-Erlebnis der besonderen Art. Im leeren Heuwagen geht es mit dem Traktor etwa eine halbe Stunde durch das Watt zur Felseninsel Ingólfshöfði. Dort erreicht man nach einem steilen Aufstieg den Vogelfelsen, auf dem tollpatschige Papageitaucher brüten und Skúas ihre Nester verteidigen.

An einem sonnigen Tag kommt man bei der Tour nach Ingólfshöfði aus dem Staunen nicht mehr heraus. Auf einem umgebauten Heuwagen werden die Besucher von dem Bauern Einar, seiner Frau Matta oder dem Sohn Aron im Traktor über die weitläufige Wattlandschaft gefahren. Je nach Gezeitenstand durchquert man entweder eine scheinbar endlose Ebene aus schwarzem Lavasand oder aber einen riesigen »Spiegel«. Denn wenn bei gutem Wetter die Flut das Watt befeuchtet, könnte man den Himmel und seine Spiegelung beinahe verwechseln. Ganz langsam tuckert der Traktor durch diese ungewöhnliche, reduzierte Landschaft und gelangt nach einer halbstündigen, bewegten Fahrt zu einem schwarzen, flachen Felsblock inmitten der Sandebene: die versandete Insel Ingólfshöfði.

Ingólfur Arnarsons Landepunkt

Ingólfshöfði bedeutet übersetzt »Kap Ingólfur«. Hier soll im Jahr 874 Islands erster Siedler, Ingólfur Arnarson, überwintert haben. Der Wikinger war wegen Streitigkeiten im überbevölkerten Norwegen landlos geworden und wagte im sagenumwobenen Island einen Neubeginn. Auf der Insel landete er zuerst auf diesem auch damals schon wenig einladenden Landstück, das noch heute nach ihm benannt ist. Einen ganzen Winter blieb Ingólfur mit seiner Familie hier, bevor er weiter gen Westen segelte. Die ersten Siedler legten die Wahl des neuen Wohnsitzes in die Hand ihrer Götter. Deshalb dauerte es oft Monate bis Jahre, bis sie sich dauerhaft an einem Ort niederließen. Kam nach der Überfahrt von Skandinavien oder den britischen Inseln das erste Mal Land in Sicht, warfen sie die mitgebrachten Hochsitzpfeiler ihres ehemaligen Hauses ins Meer. Dort, wo die Pfosten angeschwemmt würden, wollten sie bleiben. Auch Ingólfur führte dieses Ritual aus. Während er auf Ingólfshöfði überwinterte, sandte er zwei seiner Sklaven, Karli und Vífill, aus, um die Balken zu suchen. Nach drei Jahren fanden sie sie im heu-

tigen Reykjavík, wo sich Ingólfur in der Folge ansiedelte.

Im Reich der Skúas und Papageitaucher

Nach einem steilen Aufstieg auf die 76 Meter hohe Insel erreicht man den Gedenkstein für Ingólfur Arnarson. Außer dem Denkmal, einer Schutzhütte und einem Leuchtturm stehen auf der 1200 Meter langen und 750 Meter breiten Insel keine weiteren Bauwerke. Der Rest des grasbewachsenen Vulkanfelsens ist eine einzige große Vogelkolonie, die man nur im Rahmen einer Führung betreten darf. Eineinhalb Stunden dauert die gemächliche Umrundung der Insel, bei der man sehr viel Interessantes über die Lebensgewohnheiten der Vögel erfährt. An der nach Süden gerichteten Steilküste hausen Trottellummen, Tordalke, Mantelmöwen, Dreizehenmöwen und Eissturmvögel. Die dicke, fruchtbare Grasschicht der Insel ist völlig durchlöchert von den Bruthöhlen der Papageitaucher. Ab Ende April leben die drolligen, tollpatschig wirkenden Vögel hier, um zuerst ihre Höhlen zu säubern und zu reparieren und dann dort zu brüten. Bis August werden die Küken großgezogen, die dann auf sich allein gestellt auf dem Meer überwintern und vier bis fünf Jahre später zurückkehren, um ihrerseits hier zu brüten.

Die Papageitaucher mögen die Stars des Vogelfelsens sein, die Herrscher der Insel sind eindeutig die Skúas. Die großen, braunen Raubmöwen erreichen eine Flügelspannweite von 140 Zentimetern und brüten im Gras genau in der Mitte der Insel. Wer sich im Hochsommer in die Nähe der Nester wagt, muss mit Attacken rechnen – die Altvögel verstehen keinen Spaß, wenn es um die Sicherheit ihrer Jungen geht. Einar, der sich oft nahe an die Nester heranwagt, kennt die einzelnen Tiere gut. Dennoch haben die Vögel auch ihn schon mehrmals aus der Luft angegriffen und zu Boden befördert. Der Mensch wird hier nur geduldet, wenn er respektvollen Abstand hält.

ABENTEUER MIT EINAR RÚNAR SIGURÐSSON

Einar Rúnar Sigurðssons Familienunternehmen »From Coast to Mountains« bietet täglich außer sonntags Touren nach Ingólfshöfði an, organisiert aber auch Kajaktouren in der Nähe der Farm. Einar, der die kleine Firma führt, hält den Weltrekord der Besteigung von Islands höchstem Berg Hvannadalshnjúkur. Geschlagene 260 Mal stand er bereits auf der Spitze des vergletscherten Vulkans (Stand Mai 2011). Interessierte können unter seiner Führung Gletscher- und Skiwanderungen unternehmen, eisklettern oder sich von Sibirischen Huskies auf Skiern über den Vatnajökull ziehen lassen. Dieses Hunde-Skijöring ist einmalig in Island und wird nur von Einar und seinem Sohn Aron angeboten, der in dieser Sportart Islandmeister ist. Wer einen Tag mit Huskies auf dem Vatnajökull verbringen möchte, sollte einigermaßen das Gleichgewicht auf Skiern halten können und keine Angst vor den liebenswerten Polarhunden haben.

WEITERE INFORMATIONEN

zu den Touren von From Coast to Mountains findet man unter:

www.oraefaferdir.is

Den Eisbergen von Jökulsárlón kann man sich bei geführten Bootsfahrten (oben) oder bei Wanderungen entlang des Seeufers nähern, wo die schmelzenden Kunstwerke aus Eis angespült werden (unten). Auch außerhalb des Sommers ist der Besuch der Lagune lohnend, die dann überwiegend zufriert (rechts).

19 Die Gletscherlagune Jökulsárlón

Im Banne des Eises

Umgeben von Europas größtem Gletscher scheint die blau schimmernde Gletscherlagune Jökulsárlón wie ein eisiges Juwel. Bizarr geformte Eisberge treiben in ihrem spiegelglatten Wasser, schimmern weiß, blau und schwarz. Den teilweise über 15 Meter hohen Eisblöcken kann man sich auf einer Bootstour oder auch einfach am Ufer des Sees nähern.

Genau zwischen Skaftafell und Höfn bietet unmittelbar an der Ringstraße der glasklare Gletschersee Jökulsárlón einen wahrlich spektakulären Anblick. Tausende Eisberge treiben in dem oft spiegelglatten See, in dessen Wasser die Gletscherzunge Breiðamerkurjökull des Vatnajökull kalbt. Das 1000 bis 1500 Jahre alte Eis schmilzt im Lauf von zwei bis sieben Jahren und treibt schließlich auf dem seichten Jökulsá hinaus ins Meer. Nur rund 500 Meter lang, gilt er als kürzester Fluss Islands. Durch die direkte Verbindung zum Meer vermischt sich das gelb-braune Wasser der Gletscherschmelze mit dem blauen Salzwasser des Meeres, weshalb der See in wechselnden Grün- und Blautönen leuchtet. Neugierige Robben halten sich gerne in der Nähe des Ausflusses auf, und auch Küstenseeschwalben, Eiderenten und andere Vögel nutzen die gemächlich dahintreibenden Eisberge als Rastplätze. Der beinahe unwirklich-schöne Anblick der eisigen Gletscherwelt ist bei jedem Wetter ein Erlebnis und stellt für viele Besucher den Höhepunkt ihrer Islandreise dar.

Phänomen der Gletscherschmelze

Kaum jemand weiß, dass die Gletscherlagune Jökulsárlón ein sehr junges Phänomen ist. Als Island besiedelt wurde, befand sich Nordeuropa in einer Warmzeit und die äußeren Ausläufer des Vatnajökull lagen vermutlich gut 20 Kilometer weiter landeinwärts als heute. Während der »kleinen Eiszeit« zwischen dem 15. und 19. Jahrhundert schoben sich die Gletscher wieder bis unmittelbar zur Küste vor. Seit den 1930er-Jahren befinden sie sich wieder auf dem Rückzug. Wie weit sie sich einst ausdehnten, zeigen die Moränen rings um die Gletscherlagune.
Seit Beginn des 20. Jahrhunderts erwärmt sich das Klima im Süden Islands, in der Folge begann die bis heute anhaltende Gletscherschmelze. Noch 1935 floss der Fluss Jökulsá vom Rand der Gletscherzunge Breiðamerkurjökull ohne Unterbrechung ins Meer.

Bei frischem Wind scheinen Teile des Sees nur aus Eis zu bestehen (oben), bei Windstille spiegeln sich die Eisberge im Wasser (unten). Küstenseeschwalben im Sommer (Mitte). Gezeiten spülen das Eis an den Strand (rechts oben). Im Winter sieht man manchmal farbige Nordlichter über der Lagune tanzen (rechte Seite unten).

Eine Lagune entstand erst, als sich der Gletscher durch die stetige Klimaerwärmung immer weiter landeinwärts zurückzog. Das Eis hatte sich bis zu 300 Meter unter den Meeresspiegel geschoben und bildete beim Auftauen einen immer tiefer werdenden See. Als Messungen aus dem Jahr 2009 eine Tiefe von 248 Metern ergaben, löste Jökulsárlón den Öskjuvatn (220 Meter) als tiefsten See Islands ab.
Jährlich zieht sich nun der Breiðamerkurjökull auf seiner ganzen Breite um 100 Meter zurück und liefert der Lagune neuen Nachschub an Eisbergen.
18 Quadratkilometer ist der See mittlerweile groß. Das Treibeis staut sich vor seinem Ausfluss, der mit großen Felsbrocken künstlich abgeflacht wurde, da die großen Eisberge die Stabilität der Brücke gefährdeten. Doch auch das Meer nagt an dem schmalen, nur aus Sand und Gletschergeröll bestehenden Küstenstreifen. Trotz des Eingreifens des Menschen ist es vermutlich nur eine Frage von wenigen Jahrzehnten, bis die Brandung das Land so weit abgetragen hat, dass anstelle der Lagune ein tiefer Fjord entstehen und der Gletscher direkt ins Meer kalben wird.

Die Farben der Kälte

Bei Ebbe führt der kurze Gletscherfluss oft kleine Eisberge aus der Lagune mit sich, die am Strand unmittelbar neben der Flussmündung angeschwemmt werden. Wie Edelsteine liegen die weißen und grünlich-blauen Eisblöcke auf dem schwarzen Lavasand. Wenn die von der Brandung umspülten, durchsichtigen Eisberge innerhalb weniger Tage schmelzen, formen sie aberwitzige Skulpturen, die im Sonnenlicht wie mit Diamanten besetzte Glaskunstwerke glitzern und leuchten.
Die unterschiedliche Färbung der Eisberge hängt von ihrer Zusammensetzung ab. Die Asche vergangener Vulkanausbrüche sorgt für schwarze und graue Farbtöne, weißes Eis besteht hingegen aus nur leicht zusammengepresstem Schnee oder aber war längere Zeit oberflächlich geschmolzen. In beiden Fällen enthält die Oberfläche des Eisberges viele Luftbläschen, die das Licht reflektieren und streuen. Deshalb erscheint das Eis dem menschlichen Auge weiß. Besonders beeindruckt sind die meisten Besucher jedoch von dem leuchtend blau-grünen Eis von Gletscherspalten und vielen Eisbergen in Jökulsárlón. Es ist durch das hohe Eigengewicht des Gletschers so stark komprimiert, dass es kaum noch Lufteinschlüsse enthält und deshalb blau wirkt. Je sauerstoffärmer und reiner das Gletschereis ist, desto deutlicher wird die Blaufärbung sichtbar.

Autorennen und Amphibienfahrzeuge

Der weltweit einzigartige Gletschersee ist ein beliebter Schauplatz für Filmproduktionen, gedreht wurden hier unter anderem schon James Bond, Tomb Raider und »Batman Begins«. In James Bond »Stirb an einem anderen Tag« wurde ein Autorennen auf dem winterlichen Gletschersee inszeniert. Weil durch den Zufluss von Salzwasser die Lagune in normalwarmen Winterjahren nicht zufriert, verschloss man den Zugang zum Meer im Winter 2002 mit schwerem Gerät. Jökulsárlón legte sich daraufhin eine vollständige Eishaut zu, und die Dreharbeiten konnten wie geplant stattfinden.

Die allermeisten Besucher werden die Gletscherlagune jedoch naturbelassen vorfinden. Einzig und allein die Boote des ortsansässigen Unternehmens Glacier Lagoon sind regelmäßig auf dem Wasser zu sehen. Während der Sommermonate fahren die Amphibienfahrzeuge im Halbstundentakt auf den See hinaus und geben zahlungswilligen Besuchern die Möglichkeit, den großen Eisbergen und dem Gletscher sehr nahe zu kommen. Üblicherweise bucht man die Touren spontan vor Ort, die Nachfrage kann normalerweise immer bedient werden. Die Anlaufstelle ist der Parkplatz auf der Ostseite des Flusses, wo im weiten Umkreis das einzige Gebäude steht. In diesem weiß-blauen Haus im Stil der isländischen Torfgehöfte befinden sich Toiletten, ein Café, die Information und das Büro von »Glacier Lagoon«. Übernachtungsmöglichkeiten gibt es direkt an der Gletscherlagune nicht; lediglich Campervans mit eingebauter Toilette dürfen auf dem Parkplatz nächtigen. Der nächste Campingplatz befindet sich in Skaftafell, die nächsten Unterkünfte bieten Gästehäuser, die zwölf Kilometer weiter östlich an der Ringstraße liegen.

FJALLSÁRLÓN UND BREIÐÁRLÓN

In direkter Nachbarschaft zur Jökulsárlón befinden sich weiter westlich zwei weitere Gletscherseen: der viel kleinere Fjallsárlón, auf dem meist einige Eisberge treiben, sowie der abgelegene See Breiðárlón, der über einen Fluss mit Fjallsárlón verbunden ist und sich meistens ohne Eisberge präsentiert. Zu erreichen ist der See Fjallsárlón über eine kurze Schotterpiste, die von der Ringstraße ausgeschildert ist. Beide Lagunen weisen das typisch milchig-gelbe Wasser von Gletscherseen auf und bilden daher einen interessanten Kontrast zur Jökulsárlón. Aufgrund des viel näher gelegenen und sehr steilen Gletschers ist die leicht zu erreichende Fjallsárlón auf jeden Fall einen Besuch wert. Besucher sollten jedoch nicht leichtsinnig die Flüsse oder Seen queren wollen: Auch diese Gewässer sind sehr tief und strömungsstark und deshalb gefährlich.

WEITERE INFORMATIONEN

zu den Bootsfahrten auf der Gletscherlagune:

www.jokulsarlon.is

Im Wasser der Brackwasserlagune östlich von Höfn spiegelt sich an sonnigen Tagen die Bergkulisse südlich des Vatnajökull (oben), die auch den modernen Campingplatz verschönt (rechte Seite unten). Im Hafen der kleinen Stadt liegt eine Vielzahl bunter Schiffe (unten).

20 Im Reich des Vatnajökull

Zurück in der Eiszeit

Höfn í Hornafirði, meist nur kurz Höfn genannt, zählt 1600 Einwohner und lebt vom Fischfang sowie im zunehmenden Maß auch vom Tourismus. Der Ort liegt am Südrand des Vatnajökull nur 30 Kilometer von Europas größtem Gletscher entfernt. Die Region, die sich mit dem Vatnajökull ganz und gar identifiziert, ist ein perfekter Ausgangspunkt für Touren in den größten Nationalpark Europas.

Städtebaulich betrachtet ist Höfn nicht sehr attraktiv. Langweilige Betonbauten und Reihenhäusernn dominieren das Stadtbild, um so reizvoller wirken die wenigen gut erhaltene Häuser aus der Gründungszeit des Ortes im späten 19. Jahrhundert.
In Höfn dreht sich alles um Fisch. Von der Bedeutung des Industriezweiges zeugen mehrere Fischfabriken. Höfn besitzt den größten Hafen an der zu großen Teilen versandeten Südostküste, vor der ergiebige Fanggründe liegen. Ein paar Supermärkte, Tankstellen, Einrichtungen zur medizinischen Versorgung, eine Molkerei, kleinere Industrie – der Ort ist ein zweckmäßiges Dienstleistungszentrum in der großen, ansonsten spärlich besiedelten Region. Für Touristen ist Höfn in erster Linie eine Durchgangsstation und vor allem Ausgangspunkt für Unternehmungen ins Umland. Immerhin finden sie hier mehrere Gästehäuser, Hotels, eine Jugendherberge und einen großen, gut ausgerüsteten Campingplatz.

Berge und Schnee

So wenig attraktiv die Stadt auch sein mag, so hübsch ist das Umland. Höfn liegt auf einer Landzunge, die den Fjord fast völlig vom Meer abschneidet und einen idyllischen Brackwassersee bildet, in dem sich unzählige Vögel tummeln. Bei gutem Wetter liegt das Wasser oft so still, dass sich die umliegenden Berge darin perfekt spiegeln. Von bunten Rhyolithbergen umrahmt, ragt der Vatnajökull 30 Kilometer von der Küste entfernt in den Himmel und füllt den gesamten Nordhorizont aus. Die Tourismusanbieter der Region haben sich deshalb auf Touren spezialisiert, die zum Gletscher führen oder auch hinauf. Über die Touristeninformation in der Stadtmitte oder die Rezeptionen der Unterkünfte kann man eintägige Unternehmungen buchen, wie beispielsweise Superjeep- und Schneemobilfahrten, Wanderungen auf den Gletscher, Erkundungen von Eishöhlen, Skiwanderungen mit Schlittenhunden sowie Tretbootfahrten auf der Gletscherlagune Hoffells-

jökull. Das Bergrestaurant und die Schlafsackunterkunft Jöklasel, Startpunkt für die meisten Touren auf den Vatnajökull, werden von der Firma Glacierjeeps betrieben und sind über eine steile Piste mit Allradfahrzeugen zu erreichen.

Eiswelt Vatnajökull

Während der Eiszeit war Island fast vollständig vergletschert, und heute liegen immerhin noch knapp elf Prozent des Landes unter Eiskappen. Davon bedeckt der Vatnajökull acht Prozent. Mit seinen 8100 Quadratkilometern Fläche wird er gerne als größter Gletscher Europas bezeichnet, doch dies ist nicht ganz korrekt. Er ist definitiv vom Volumen her größer als jeder andere Gletscher des Kontinents: 3000 Kubikkilometer Eis von bis zu 560 Metern Dicke lasten auf Südostisland. Seine Ausdehnung ist jedoch etwas kleiner als die des Gletschers Austfonna auf der norwegischen Inselgruppe Spitzbergen. Dennoch ist der Vatnajökull mächtig beeindruckend. Auf meist weit über 1000 Metern Höhe umringt der Plateaugletscher die höchsten Berge Islands, die wie Inseln aus dem Eis herausragen und, wie sollte es auch anders sein, die Spitzen von mehreren aktiven Vulkanen sind. 400 bis 4000 Millimeter Niederschlag fallen pro Jahr als Regen und Schnee auf den Gletscher nieder und sorgen für den nötigen Nachschub an Eis, das an den Gletscherrändern nach mehreren Hundert Jahren wieder abschmilzt. Wie alle Gletscher verändert sich auch der Vatnajökull ständig. Es wird vermutet, dass es vor 9000 bis 2500 Jahren keine Gletscher auf Island gab, bis eine Kälteperiode einsetzte und die Gletscher um 1900 ihre seit Ende der Eiszeit größte Ausdehnung erreichten. Seitdem wird der Vatnajökull wieder kleiner; in den vergangenen Jahrzehnten schneller als je gemessen. Momentan verliert er pro Jahr etwa vier Kubikkilometer an Masse, dies entspricht einem gletscherweiten Verlust von einem halben Meter Eis.

WILDNIS LÓNSÖRÆFI

Östlich von Höfn liegt das schwer erreichbare Gebiet Lónsöræfi. Die aus bunten Rhyolithbergen bestehende, von Schluchten durchzogene und dennoch teilweise sehr grüne Gegend grenzt unmittelbar an den südöstlichen Rand des Vatnajökull und ist bekannt für anspruchsvolle Wildniswanderungen. Wer die isländische Natur hier zu Fuß erleben will, auf schlecht bis kaum markierten Wegen, der muss sich unbedingt gut vorbereiten und bei der Herberge und dem Campingplatz Stafafell abmelden. Bei Unfällen ist man hier gänzlich auf sich alleine gestellt!

WEITERE INFORMATIONEN

zu Herberge, Campingplatz und dem Transportservice Stafafell: www.eldhorn.is/stafafell
Das von Glacerjeeps betreute Restaurant Jöklasel und motorisierten Unternehmungen: www.glacierjeeps.is
Skiwanderungen mit Schlittenhunden als Zugtiere: www.oraefaferdir.is
Generelle Unternehmungen entlang des Vatnajökull: www.visitvatnajökull.is

Kleine bunte Häuser, steil ins Meer abfallende Berge: dies sind die Ostfjorde (oben und rechte Seite unten).
Von der kleinen Ortschaft Djúpivogur im Schatten des Búlandstindur (rechte Seite oben) kann man mit einem Boot auf die Insel Papey übersetzen: Schwimmwesten dürfen dabei nicht fehlen (unten)!

21 Die Fjordlandschaft bei Djúpivogur

Der abgelegene Osten

Zwischen der Stadt Höfn und der Bucht Héraðsflói erstreckt sich die etwa zwölf Fjorde umfassende Landschaft der Ostfjorde. Zusammen mit den Westfjorden bilden sie den geologisch ältesten Teil der Insel. Etwa 13 Millionen Jahre alt sind die Gesteine der Berge, die von eiszeitlichen Gletschern abgeschmirgelt und geformt wurden.

Wer will, der kann die Ostfjorde fast vollständig umfahren. Von Süden kommend, zweigt die Passstraße 939 von der Ringstraße ab und führt abseits der Küste direkt nach Egilsstaðir, der größten Stadt Ostislands. Es lohnt sich jedoch, diese Landschaft abseits der Ringstraße zu erkunden. Kleine, meist gut ausgebaute Straßen winden sich entlang der tief eingeschnittenen Fjorde und erschließen einen Teil Islands, der von vielen Touristen oft ausgelassen wird. Die zerklüftete Küstenlandschaft mit grünen, schmalen Buchten und vielen kleinen Naturhäfen ist eine eigene kleine Welt für sich. Sie gleicht den Westfjorden, ist jedoch kleiner und überschaubarer. Bunte Fischerdörfer schmiegen sich in die Talkessel, die von lang gezogenen, begrünten Bergen aus vielfach geschichtetem Basalt überragt werden. Vielerorts zeugen verlassene, verfallene Höfe von der Landflucht der jungen Isländer, die es eher in die großen Städte zieht. Hier draußen sind die Arbeitsmöglichkeiten sehr beschränkt und höhere Schulen gibt es nicht.

Fischerdorf Djúpivogur

Weit im Süden liegt am südlichen Ufer des Fjordes Berufjörður die kleine Ortschaft Djúpivogur. Sie ist von langen, niedrigen Bergzügen eingerahmt und wird von dem beeindruckenden pyramidenförmigen Berg Búlandstindur überragt. Die aus leicht geneigten Basaltschichten aufgebauten Berge schauen ein wenig aus, als seien sie mit Treppenstufen versehen.
Wie fast alle Dörfer der Ostfjorde blickt auch Djúpivogur auf eine lange Vergangenheit als Fischer- und Handelssiedlung zurück. Dies verdankt es den fischreichen Küstengebieten und der geschützten Lage ihres Hafens. Bis Anfang des 20. Jahrhunderts hielten dänische Kaufleute das Handelsmonopol im wirtschaftlich florierenden Djúpivogur, aus jener Zeit stammen die vielen bunten Holzhäuser des gemütlichen Stadtzentrums in unmittelbarer Nähe zum kleinen Hafen. Dort steht beispielsweise das leuchtend rote Handelshaus Langabúð, das Besucher mit Museum, Café und Galerie zum Verweilen einlädt.

Djúpivogurs Umgebung ist von Feuchtland geprägt. Zwischen grauen Lavablöcken liegen unweit der Hauptstraße mehrere kleine Seen, die vielen Vogelarten Schutz- und Lebensraum sind. Zu den bemerkenswerten Brutvögeln zählen Sterntaucher, Ohrentaucher, Brandgans und Löffelente.

Vogelinsel Papey

Von Djúpivogur aus lockt ein Ausflug nach Papey. Täglich werden Bootsfahrten auf die nur zwei Quadratkilometer große Insel angeboten, die sich acht Kilometer von Djúpivogur entfernt aus dem Meer erhebt. Das von vielen weiteren, bis zu 45 Meter hohen Inseln und Klippen umgebene Eiland ist ein beliebtes Brutgebiet für viele Seevogelarten. Leider verwaisen auch hier die Kolonien der kleineren Seevögel allmählich, da es wie auch in Südisland vermehrt am kleinen Futterfisch Sandaal mangelt.
Die gut erreichbare Insel mit den zwei Naturhäfen war bis 1966 bewohnt. Die Insulaner lebten von der Schafzucht, dem Fischfang und dem Sammeln von Vogeleiern. Zu ihren Hinterlassenschaften gehören einige kleine Gebäude, darunter auch die älteste und kleinste Holzkirche Islands. Sie wurde 1807 errichtet.
Der Name der Insel Papey ist eine Kombination der Wörter »Papar«, eine alte Bezeichnung für Einsiedlermönche, und »Ey« (Insel). In den historischen Schriften *Íslendingabók* und *Landnámabók*, welche über die Besiedlungszeit Islands Auskunft geben, und über die Zeit der Besiedlung Islands steht geschrieben, dass auf Papey die Hinterlassenschaften irischer Mönche gefunden wurden. Diese wären dort angeblich vor der Ankunft der Wikingersiedler im 9. und 10. Jahrhundert ansässig gewesen. Archäologisch ließ sich dies jedoch niemals nachweisen. Jedoch erinnern auch Ortsnamen auf der Insel an die frommen Erstsiedler: *Írsku hólar* (Irische Hügel) und *Papatættur* (Mönchs-Ruine). In Island geht man daher davon aus, dass nicht norwegische Wikinger, sondern irische Mönche erstmals dauerhaft auf Island lebten.

PYRAMIDENBERG BÚLANDSTINDUR

Der Búlandstindur ist das Wahrzeichen Djúpivogurs. Der beeindruckende Berg hat eine auffällige Pyramidenform und ist aus fast waagrechten, unterschiedlich dicken Basaltschichten aufgebaut. Seine ungewöhnliche Form verdankt er den Gletschern, die ihn während der Eiszeit von allen Seiten umschlossen hatten. Nur seine Spitze ragte aus der Eismasse hervor. In dem Aufforstungsgebiet unterhalb des Berges verlaufen viele einfache Wanderwege, auf den Berg selbst führt von Süden aus eine fünf Kilometer lange, steile und anstrengende Tour. Die besten Informationen dazu erhält man bei der Touristeninformation in Djúpivogur.

WEITERE INFORMATIONEN

zu Djúpivogur:
www.djupivogur.is
Bootsüberfahrten nach Papey:
www.djupivogur.is/papey
Wissenswertes über die Vögel der Region: www.birds.is

Wild schlägt die Brandung gegen die steilen Felsen der Insel Papey. Boote können hier nur an zwei Naturhäfen anlegen. Die Wanderung zum Leuchtturm belohnt mit einem schönen Überblick über die grüne Vogelinsel.

Die bunten Häuser des malerischen kleinen Ortes spiegeln sich vor den grünen Wänden des hohen Fjordes (oben). Typisch isländische Leckereien erwarten die Besucher der Cafés (unten), die ganz bestimmt immer geöffnet haben, wenn die »Norröna« im Hafen anlegt (rechte Seite unten).

22 Fährhafen Seyðisfjörður

Die heimliche Hauptstadt des Ostens

Die allermeisten Besucher erreichen Island mit dem Flugzeug. Horrende Mietwagenpreise, die Liebe zum eigenen Geländewagen oder einfach eine andere Reisephilosophie bewegen jedoch so manchen Islandurlauber zur Anreise mit der färöischen »Norröna«. Sie verbindet als einzige Autofähre Island mit dem europäischen Festland.

Wer mit dem Schiff nach Island fährt, darf es nicht eilig haben. Die »Norröna«, das Flaggschiff der färöischen Fähr-Reederei Smyril Line, verkehrt einmal in der Woche zwischen Dänemark, den Färöer-Inseln und Island. Im Winter fungiert sie nur als Frachtfähre. Je nach Fahrplan und Länge des obligatorischen Zwischenstopps auf den Färöern dauert die Reise drei bis sechs Tage. Dabei hat der stürmische Atlantik schon manche Landratte seekrank in ihre Kabine verwiesen. Doch wenn man das Glück hat, bei gutem Wetter in Island anzukommen, ist das unruhige Nordmeer bald vergessen.

Reizendes Seyðisfjörður

Die Mittsommersonne steht am frühen Morgen schon hoch am Himmel und taucht die nahende Küste mit ihren altschneebedeckten Bergen in gleißendes Licht. Ein kühler Wind fegt über das Deck, an dem sich viele Menschen versammelt haben, um die Ankunft in Island nicht zu verpassen. Der Fjord Seyðisfjörður ist eng und still und misst von den äußersten Landzungen draußen am Meer bis zum schmalen Fjordende insgesamt 17 Kilometer Länge. Wenn das stetige Stampfen der Schiffsmotoren leiser wird und das Schiff zwischen den steil aufragenden Berghängen des gekrümmten Fjordes hindurchgleitet, kommt langsam Seyðisfjörður in Sicht. Die kleine Ortschaft mit ihren 700 Einwohnern wirkt vom Aussichtsdeck der hohen Fähre wie ein Spielzeugdorf. Viele bunte Holzhäuser und eine hellblaue Kirche gruppieren sich rund um einen kleinen See, in dem sich die 1000 Meter hohen Berge spiegeln.

Seyðisfjörður zählt zu den hübschesten Dörfern Islands. Ein Großteil der bunten Holzhäuser aus dem frühen 20. Jahrhundert wurde von dänischen und norwegischen Handelsleuten nach Island gebracht. Die Fertighäuser wurden ab Ende des 19. Jahrhunderts in Norwegen serienmäßig produziert und in die ganze Welt exportiert. Island war ein dankbarer Abnehmer, was sicherlich auch dem Mangel an Bauholz zu verdanken war. Zu jener Zeit waren die Wälder der Insel

längst abgeholzt und das Land kämpfte mit großflächiger Bodenerosion. Während die Häuser in anderen Landesteilen verfielen oder im Laufe der Zeit durch Neubauten ersetzt wurden, behielt Seyðisfjörður den Flair eines Städtchens der vorletzten Jahrhundertwende.

Ein unerwarteter Aufschwung

Der Ort war lange Zeit eine unbedeutende, durch die hohen Berge isolierte, kleine Siedlung, in der sich die Menschen mit Fischfang und den kargen Erträgen der Landwirtschaft durch die harten Winter brachten. Wie viele andere Dörfer rund um die Insel blühte der Ort erst durch den Heringsfang der Norweger in den Jahren von 1870 bis 1900 auf. Die Heringe wurden hier tonnenweise gesalzen und vertrieben. In der Folge gewann die Siedlung innerhalb weniger Jahre große Bedeutung und erhielt sogar das Handelsrecht.
Im günstig gelegenen Seyðisfjörður wurde zudem 1906 das erste Unterseekabel von Schottland nach Island verlegt und die Insel dadurch telefonisch mit dem Rest der Welt verbunden. 1913 errichtete die deutsche Elektrotechnikfirma Siemens-Schuckert das erste Wechselstrom-Wasserkraftwerk Fjarðarselsvirkjun, heute das älteste noch betriebene Wasserkraftwerk der Insel. Die erste Hochspannungsleitung Islands machte Seyðisfjörður zur ersten voll elektrifizierten Ortschaft des Landes. Damals erwog man allen Ernstes, das Dorf zur Hauptstadt zu ernennen.
Dass Seyðisfjörður auch heute noch eine bedeutende Rolle spielt, obwohl sich auf der anderen Seite der Berge mit Egilsstaðir die größte Stadt Ostislands entwickelt hat, ist der »Norröna« zu verdanken. Wenn die Fähre einmal die Woche anlegt und dabei laut ihr Nebelhorn erklingen lässt, erwacht Seyðisfjörður aus seinem Dornröschenschlaf und sonnt sich in seinem internationalen Flair, das seit jeher typisch für das eigentlich so abgeschiedene Dorf ist.

IM WALD VON HALLORMSSTAÐUR

Die 25 Kilometer südlich von Egilsstaðir gelegene Sehenswürdigkeit kann man als solche nur schätzen, wenn man sich länger in Island aufhält. Hallormsstaðaskógur, der geschützt gelegene »Wald von Hallormsstaður«, ist mit seinen ungewöhnlich hohen Bäumen der Stolz der Ostisländer. Auf der Insel liebt man große Bäume – vermutlich, weil hier so wenige wachsen. Seit Jahrzehnten wird Ostisland zwar intensiv aufgeforstet, doch leider hauptsächlich mit ausländischen Arten. Dies wird das Landschaftsbild des Gebietes in den kommenden Jahrzehnten stark verändern.
Auch in Hallormsstaður wurde früh mit ausländischen Baumarten experimentiert. Die ersten wurden im Jahr 1903 gepflanzt und sind seitdem zu wahren Riesen herangewachsen. In der Mitte des Hallormsstaðaskógur hat man tatsächlich das Gefühl, sich in einem europäischen Mischwald zu befinden.

WEITERE INFORMATIONEN

zum Ort Seyðisfjörður:
www.sfk.is
Die Fähre »Norröna« von Smyril Line:
www.smyrilline.de

Das zweigeschossige, mit einem Grasdach versehene Wohnhaus des Dichters Gunnar Gunnarsson ist islandweit einzigartig!

23 Poetenidyll Skriðuklaustur

Wo Gunnar Gunnarsson schrieb

Am südlichen Ende des Sees Lagarfljót steht rund 40 Kilometer von Egilsstaðir entfernt bei Skriðuklaustur ein für Island einzigartiges Steingebäude: das 1939 von einem deutschen Architekten erbaute zweigeschossige Wohnhaus des populären isländischen Dichters Gunnar Gunnarsson. Heute befindet sich in dem Haus ein Museum, das sowohl über das Leben und Schaffen des Autors informiert als auch über den historisch bedeutenden Ort Skriðuklaustur. Hier war im späten Mittelalter das einzige Kloster Ostislands gegründet worden, das zudem das letzte Augustinerkloster war, bevor im Zuge der gewaltsamen Reformation sämtliche katholischen Bischöfe geköpft wurden und ganz Island protestantisch wurde.

Seit dem Jahr 2002 finden hier Ausgrabungen statt, um mehr über das Leben und Wirken der Mönche zu erfahren. Während der Sommermonate werden täglich Führungen durch das Ausgrabungsgebiet angeboten.

WEITERE INFORMATIONEN ZU SKRIÞUKLAUSTUR:
www.skriduklaustur.is

Der schmale Küstenstreifen wird von farbigen Rhyolitbergen bekrönt.

24 Borgarfjörður Eystri

Im Reich der Trolle

Ganz im Norden von Ostisland liegt eines der einsamsten bewohnten Gebiete der Insel. Dort schmiegt sich die kleine Ortschaft Bakkagerði ans Ufer des malerischen Fjordes Borgarfjörður Eystri, welcher der nördlichste Fjord der Ostfjorde ist.

Geschichten von Elfen und Trollen ranken sich um die Gegend und prägen den kleinen Ort, der zunehmend vom Tourismus lebt und nur über eine kilometerlange Stichstraße zu erreichen ist. Bunte Rhyolithberge mit teils schroffen Klippen fallen zum blau leuchtenden Meer ab, und auf den grünen Hochweiden grasen Schafe. Die umliegenden, unbewohnten Fjorde sind lohnende Ziele für erfahrene Wanderer. Über Tagesausflüge auf gut markierten Wegen kann sich der Besucher vor Ort informieren. Längere Wanderungen dagegen sollten gut vorab recherchiert werden: Die Gegend ist wunderschön bei gutem Wetter, aber höchst anspruchsvoll und gefährlich bei Wetterumschwüngen.

WEITERE INFORMATIONEN ZU ORT, GEGEND UND WANDERUNGEN:
www.borgarfjordureystri.is/en

25 Auf der Farm Húsey

Leben in der Natur

Nördlich von Egilsstaðir erstreckt sich eine weite, von Flüssen begrenzte Marschlandschaft. Dort stehen vor der Kulisse schneebedeckter Berge zwei blaue Häuser mit rotem Dach: die Farm und die Jugendherberge Húsey. Wer bereit ist, die lange Anreise zu einem der einsamsten Höfe Islands auf sich zu nehmen, wird hier mit stressfreien Tagen in herrlicher Natur belohnt. Dies ist kein Ort, um nur durchzureisen: Im idyllischen Húsey sollte man mindestens mehrere Tage bleiben. Der Bauer Örn Þorleifsson, der hier mit seiner Familie lebt, spricht gebrochen, aber begeistert Deutsch und lebt ein Leben scheinbar jenseits der Zeit. Er bietet seinen Gästen unter anderem längere und kürzere Ausritte in die Umgebung an, beispielsweise zu einer nahe gelegenen Seehundkolonie. Von dort stammen Jahr für Jahr mutterlose Heuler, die Örn aufpäppelt und als Haustiere im Garten hält. Wer will, kann den Isländer auch zum Forellenfischen begleiten und dabei höchst interessante Gespräche führen.

WEITERE INFORMATIONEN ZU HÚSEY:
www.husey.de

Örn Þorleifsson liebt Pferde: 60 davon hält er auf seiner Farm und bietet auch unerfahrenen Gästen Ausritte durch die abwechslungsreiche Flusslandschaft an.

26 Bei den Füchsen in Mélrakkaslétta

In der Einsamkeit des Nordens

Fernab der Ringstraße liegt im nördlichsten Teil Ostislands die flache Halbinsel Melrakkaslétta. Sie gilt als die »Ebene der Polarfüchse«. Tatsächlich konnten sich die Wildhunde auf Melrakkaslétta recht gut vermehren, weil dort kaum Menschen leben, die sie bejagen würden. Die Landschaft ist nahezu flach: Umringt von 400 Meter hohen Bergen befindet sich hier eine arktische Tundra, deren reichhaltige Flora und Fauna von der Vielzahl der unberührten Feuchtgebiete, zahlreichen Seen und Flussmündungen profitiert. An der Küste im Osten und Westen der fast unbewohnten Halbinsel liegen die kleinen Siedlungen Raufarhöfn und Kópasker. Sie sind die nördlichsten Ortschaften des isländischen Festlandes. Auf den langen, wilden Stränden sammelt sich das Treibholz an. Den nördlichsten Leuchtturm der isländischen Hauptinsel findet man dagegen auf der Landzunge Hraunhafnartangi. Von dort sind es nur noch drei Kilometer Richtung Norden zum Polarkreis!

WEITERE INFORMATIONEN:
www.nordurthing.is

Eine kleine Kirche am Hafen von Raufarhöfn, der nördlichste Siedlung Islands.

Selten steht ein Islandpferd so fotogen in der Landschaft wie dieser Schimmel vor dem winterlichen Mývatn (rechts). Auch der Museumshof Glaumbær ist im Winter ein faszinierender Anblick (Mitte). Dampf entsteigt einem Solfatar bei Námaskarð (oben). Der Goðafoss in Nordisland setzt sich aus mehreren Wasserfällen zusammen (unten).

Der Norden

27 Jökulsárgljúfur-Nationalpark

Der Grand Canyon Islands

Auf den ersten Blick wirkt das Hochland des Nordostens wie eine leblose, unattraktive Lavawüste. Tatsächlich hat hier jedoch der Gletscherfluss Jökulsá á Fjöllum eine spektakuläre Landschaft geschaffen. Mächtige Wasserfälle stürzen in ein 25 Kilometer langes und vielerorts über 100 Meter tiefes Schluchtensystem, das 1973 zum Nationalpark erklärt wurde.

Schroffe Basaltformationen säumen den Canyon Jökulsárgljúfur, der auch aus der Luft spektakulär wirkt (rechte Seite). Außerhalb windgeschützter Senken wachsen Pflanzen nur sehr spärlich inmitten der schwarz-grauen Steinwüste (unten). Fast unwirklich erscheinen die roten Hügel von Rauðhólar nördlich von Hljóðakléttar (oben).

Leere. Eine versandete, graue Lavalandschaft erstreckt sich bis zum Horizont und verbreitet ein Gefühl der Trostlosigkeit. Wenn man sich dem Hochland des Nordostens von der Ringstraße aus nähert, fragt man sich unwillkürlich, wieso bloß ausgerechnet hier ein Nationalpark gegründet wurde. Jedes Fahrzeug in dieser hügeligen Lavalandschaft wirbelt eine Wolke grau-braunen Staubes auf. Die Hochlandwege sind teilweise so eng, dass man Gegenverkehr fürchtet, und so voller Schlaglöcher und spitzer Lavafelsen, dass man sich um Stoßdämpfer und Reifen seines vierradgetriebenen fahrbaren Untersatzes sorgt. Erstaunlicherweise kämpfen in diesem besonders niederschlagsarmen Gebiet tatsächlich vereinzelt Pflanzen gegen die widrigen Lebensbedingungen an. Dann aber sieht man in der Ferne eine weiße Wolke aus Gischt aus der grauen, kahlen Einöde aufsteigen, und plötzlich steht man vor dem mächtigsten Wasserfall Europas, der sich tief in die Lavaebene hineingegraben hat.

Eine Wand aus Wasser

Der Dettifoss ist zwar nicht der wasserreichste, sehr wohl aber der energiereichste Wasserfall Islands. Lange bevor er in Sichtweite kommt, erfüllt sein Dröhnen die Luft und regnet seine Gischt auf die Besucher hernieder. Auf einer Breite von 100 Metern stürzt die Jökulsá á Fjöllum, der »Gletscherfluss aus den Bergen«, 45 Meter in einen Kessel hinab und hinein in einen gewaltigen, schäumenden Strudel, der alles mit sich in die Tiefe zieht. Neben dieser gewaltigen Wand aus tosenden, steingrauen Wassermassen wirken die Besucher der jeweils anderen Flussseite wie winzige Ameisen. Gekrönt wird der mächtige Wasserfall von einem Regenbogen, den die Gischt bei Sonnenschein verlässlich an den Himmel zaubert und der den Besucher den Anblick der grauen, kahlen Einöde gänzlich vergessen lässt.
Der Dettifoss ist über die Hochlandpiste F862 zum westlichen Ufer der Jökulsá oder über die Piste F864 zur östlichen Flussseite erreichbar. Obwohl man die

Alte Vulkanschlote wie bei Rauðhólar (oben) oder Hljóðakléttar (rechts oben) erheben sich aus der kargen Landschaft, in der fast nur Krähenbeeren und Echte Bärentrauben gedeihen (Mitte). Beim Dettifoss (rechte Seite oben) beginnt die tiefe Schlucht (rechte Seite unten), wo sich Wasserfälle wie der Hafragilsfoss von Weitem ankündigen (unten).

F864 bei gutem Wegezustand auch vorsichtig mit normalen Pkws befahren kann, sollten beide Strecken nur von geländefähigen Fahrzeugen mit Vierradantrieb in Angriff genommen werden. Die westliche Route wird im Sommer täglich von einem Busunternehmen angefahren.

Im Netz der Schluchten

Der Dettifoss ist nicht der einzige Wasserfall des Gebietes, muss der Fluss dort doch weitere Höhenunterschiede überwinden. Vom Parkplatz auf der Westseite der Jökulsá führt eine einstündige Rundwanderung flussaufwärts zum Selfoss, einem breiten, trotz der Wassermassen filigran wirkenden Wasserfall. Unterhalb des Dettifoss wird in einigem Abstand der 27 Meter hohe Hafragilsfoss dem Besucher durch eine weitere Gischtwolke angekündigt.
Dort beginnt der spektakulärste Abschnitt des Schluchtensystems der Jökulsá á Fjöllum. Während der letzten Eiszeit kam es in der Umgebung und im Vatnajökull zu mehreren großen Vulkanausbrüchen, die den Eispanzer schmolzen und unvorstellbare Fluten auslösten. Sie brachen die von Lavaströmen aufgefüllte Hochebene auf und bildeten ein Netz aus Schluchten, deren Wände teilweise über 100 Meter tief sind. Unterhalb des Dettifoss erreicht der Canyon sogar eine Tiefe von 120 Metern. Deutlich lassen sich in seinen Wänden die verschiedenen Lavaströme erkennen, aus denen die Hochebene aufgebaut ist. Spannend ist auch die wechselnde Wasserfarbe des Flusses, der durch mitgeführtes Sediment eigentlich eine steingraue Färbung aufweist. Zahlreiche Frischwasserzuflüsse sorgen jedoch für ein beeindruckendes Farbspiel, wenn sie mit den grauen Wassermassen zusammentreffen.

Grünes Vesturdalur

Folgt man der F862 Richtung Norden, so erreicht man über einen kurzen Abstecher den Parkplatz und Campingplatz in Vesturdalur. In dem überraschend grünen Gebiet grenzen kleine Wälder und saftig-grüne Täler an den Canyon der wild strömenden Jökulsá. Hier kann man ohne Probleme ein bis zwei Tage verweilen und auf zahlreichen Wanderwegen die geologisch höchst interessante Umgebung erkunden. Die »Echofelsen« Hljóðaklėttar zum Beispiel sind die harten Überreste alter Vulkanschlote, die von der Jökulsá á Fjöllum freigelegt wurden. Ungewöhnlich vielfältig ausgeprägte Basaltsäulen schmücken die bizarren Felsen. Die Kraterreihe von Rauðholar entstand bei einem Vulkan-

ausbruch vor 6000 Jahren, der direkt unter dem Fluss stattfand und die Gegend regelrecht zerriss. Diese »Rothügel« heißen so nach ihren feuerroten Hängen. Direkt am Flussufer stehen weiter südlich zwischen weiteren interessanten vulkanischen Felsformationen die beiden wie Menschen geformten Felsen Karl og Kerling, »Mann und Weib«.

Ein gewaltiger Hufabdruck

Auf der Weiterreise gen Norden wird der Canyon immer flacher und die Landschaft immer lieblicher. Die kargen Lavaebenen weichen begrünten Hügeln mit wunderschön abgeschliffenen Flussbetten, in denen sich klares Wasser in runden Becken sammelt. Plötzlich öffnet sich das Land zur dreieinhalb Kilometer langen, halbrunden Schlucht Ásbyrgi, die wie ein natürliches antikes Theater aufgebaut ist. Bis zu 100 Meter hohe Felsen bilden einen Ring um einen üppigen Birkenwald, aus dessen Mitte die hohe Klippe Eyjan, die »Insel«, aufragt. Von oben sieht die Schlucht Ásbyrgi wie der Hufabdruck eines riesigen Pferdes aus. Auf ihrer Form basiert auch die Legende über die Entstehung. Danach soll sich hier Óðinns achtbeiniges (!) Pferd Sleipnir mit einem Huf vom Boden abgestoßen haben, als es mit seinem göttlichen Herrn auf der Flucht war. Geologen wissen hingegen, dass die Schlucht durch drei besonders starke Gletscherläufe der Jökulsá á Fjöllum entstand, die sich inzwischen weiter östlich ihr Bett gegraben hat.

WANDERN ENTLANG DES CANYON

Die wohl beste Art, den Nationalpark zu erkunden, ist die Zweitageswanderung vom Dettifoss hinab in die Ásbyrgi, die man natürlich auch in entgegengesetzte Richtung unternehmen kann. Auf der Westseite des Dettifoss liegt ein kleiner Campingplatz mit Plumpsklo und Trinkwasser. Dieses ist auf der gesamten Wanderung Mangelware, weshalb Wanderer eine ausreichende Anzahl an Trinkflaschen mitnehmen sollten. Übernachten darf man nur auf den ausgewiesenen Campingplätzen bei Dettifoss, Vesturdalur und Ásbyrgi. 19,5 Kilometer und 13 Kilometer lang sind die Etappen, die oft als Teilstrecken auf dem Weg von der Ásbyrgi hinab zum Mývatn begangen werden.

WEITERE INFORMATIONEN

zu den Wanderungen:
http://www.vjp.is/english/what-to-see/hiking-routes/the-jokulsargljufur-canyo

Bustransfer / Tagestouren entlang der Westseite des Jökulsá á Fjöllum:
www.sba.is

Von den Walbeobachtungsbooten aus (oben) können mit etwas Glück große Wale wie Buckelwale gesichtet werden (unten). Ebenso bunt wie die kleine Stadt ist auch ihr Hafen (rechte Seite unten). Das Walmuseum mit seinen aufwendig präparierten Skeletten (rechte Seite oben) ist immer einen Besuch wert!

28 Die Wale bei Húsavík

Zu Gast bei den sanften Riesen des Meeres

Húsavík ist mit 2229 Einwohnern die größte Stadt in Islands Nordosten. Fischfang bildet das wichtigste Standbein der lokalen Wirtschaft, jedoch nimmt auch der Tourismus einen immer größeren Stellenwert ein. 1995 wurden hier die islandweit ersten regelmäßigen Walbeobachtungsfahrten angeboten. Heute gilt Húsavík als die Hauptstadt des »whale watching«.

Das alte Fischerboot »Knörrinn« tuckert leise über den Fjord. Es weht eine leichte Brise, der Seegang ist moderat, die Sonne glitzert auf dem graublauen Wasser. An diesem Morgen Anfang Mai sind die Gipfel der umliegenden Berge noch mit Schnee gepudert und es ist wegen des stetig wehenden Windes winterlich kalt. Auf dem Deck eines alten Eichenbootes drängeln sich 20 warm eingemummelte Landratten. Es ist eines der sechs hölzernen Fischerboote, die das Unternehmen North Sailing zu Walbeobachtungsschiffen umgebaut hat.

Der mehrsprachige Guide steht oben im Ausguck und sucht das Wasser mit einem Fernglas ab. »Es bestehen sehr gute Chancen, dass wir heute Wale zu sehen bekommen«, erklärt er. »Zwergwale und Delfine sehen wir hier fast täglich, und auch Buckelwale lassen sich öfters blicken.« Seltener suchen auch Blauwale, Sei-, Finn- und Schweinswale in der tiefen Bucht nach Nahrung oder Schutz. Insgesamt 23 Walarten wurden schon in den isländischen Küstengewässern gesichtet, weltweit ist diese Vielfalt einmalig.

Walfang als Nationalrecht

Genau dieser Reichtum muss nach Ansicht vieler Isländer auch durch Walfang genutzt werden. Dass die Insulaner in früheren Jahrzehnten niemals eine echte Walfangnation waren und die treibende Kraft immer von den Norwegern ausging, ist nebensächlich. Offensichtlich geht es bei dieser Frage eher um die auf Island hoch gehaltene nationale Selbstbestimmung. Isländer wollen selbst entscheiden, wie sie ihre Ressourcen nutzen. So kommt es, dass Island seit 2006 gegen internationalen Protest wieder kommerziell Wale jagt, zuletzt jährlich 200 Zwergwale und 150 Finnwale. In Island selbst wird die Nachfrage nach Walfleisch hauptsächlich von Touristen angekurbelt. Würden neugierige Besucher darauf verzichten, es unbedingt einmal zu probieren, würden wohl auch weniger Tiere sterben müssen.

Majestätische Riesen

Auf dem Walbeobachtungsboot »Knörrinn« ist man allerdings einhellig der Meinung, dass lebende Wale viel wertvoller sind als tote, und außerdem viel interessanter. Nach zwei Stunden auf dem Fjord wurden kurz zwei Zwergwale gesehen – seitdem suchen alle hoffnungsvoll das Meer nach weiteren Finnen« oder Fluken ab. Einige Passagiere sind ob des Seegangs schon leicht grün angelaufen. Endlich gibt der Guide auf dem Ausguck das erlösende Signal: »Wal auf 9 Uhr!« Alle drängen nach Backbord, die »Knörrinn« kommt mächtig ins Schwanken. Den dicht an der Reling gedrängten Beobachtern offenbart sich ein spektakuläres Schauspiel. Ein stattliches Schwertwalmännchen bläst schnaubend eine Fontäne in den Himmel, zeigt seine eineinhalb Meter lange Rückenflosse und taucht kurz darauf wieder ab. Während sich das Boot vorsichtig weiter nähert, sind weitere Wale zu sehen: eine Orca-Familie auf Heringsjagd. Immer wieder tauchen kleinere und größere Schwertwale auf, blasen lautstark Fontänen aus feinem Nebelregen in die Luft. Die Tiere kommen teilweise so weit aus dem Wasser, dass man den weißen Fleck hinter dem Auge sehen kann.

Selbst für den Kapitän des Bootes ist es ein besonderes Erlebnis: »Schwertwale sehen wir hier nicht oft«, verkündet er stolz und lässt das Boot ohne Motor auf dem Fjord treiben, um die Tiere nicht unnötig zu stören.

Nach einer halben Stunde tauchen die Wale ab und die »Knörrinn« macht sich wieder auf den Rückweg nach Húsavík. Die Zeit verging wie im Fluge, und das Erlebnis wird die Besucher noch lange beschäftigen.

MUSEEN IN HÚSAVÍK

Im 1997 errichteten Walmuseum erfährt man alles über die schwimmenden Kolosse, ihre Lebensweise und Biologie. Auf 1200 Quadratmetern werden viele interessante Informationen vermittelt, unter anderem über die Gründe und Historie des isländischen Walfanges und die Geschichte von Keiko, dem Star aus dem Hollywood-Film »Free Willy«.

Äußerst skurril ist das isländische Phallusmuseum. Seit 1974 sammelt Sigurður Hjartarson für das einzige Penismuseum der Welt Tierpenisse. Mittlerweile hat er über 200 Phalli von mehr als 90 Tierarten zusammengetragen, darunter von Blauwal, Hamster und Rotbarsch. Jahrelang fehlte dem Museum eine Spezies, um die Sammlung der 46 isländischen Land- und Meeressäugetiere zu vervollständigen. Seit April 2011 ist es jedoch stolzer Besitzer eines Exemplars von einem 95-jährigen *Homo sapiens islandicus*.

WEITERE INFORMATIONEN

zur Walbeobachtung in Húsavík: www.whalewatchinghusavik.is, www.gentlegiants.is

Walmuseum: www.whalemuseum.is

Phallusmuseum: www.phallus.is

Wale sind in Húsavík allgegenwärtig. Sogar in der historischen Innenstadt zeugen riesige Wirbelknochen von der Größe der schwimmenden Kolosse, denen die Stadt den selbstgewählten Titel »Hauptstadt der Walbeobachtung« verdankt.

Nordöstlich des Mývatn erstrecken sich unzählige Hochtemperaturgebiete. Warmer Dampf entsteigt den Hügeln bei Reykjahlíð (oben), und etwas weiter östlich zeigt sich die junge Erde von Hverarönd und Námafjall in all ihrer Schönheit (rechts). Auch die Pseudokrater bei Skútustaðir sind vulkanischen Ursprungs (unten).

29 Mývatn, der Mückensee

Vulkanismus hautnah erleben

Nördlich des Vatnajökull regnet es viel weniger als in anderen Landesteilen der Insel. Dafür sorgen der Gletscher im Süden und die Berge im Westen, die die Wolken abfangen und dem Nordosten des Landes viele Stunden Sonnenschein bescheren. Dementsprechend karg präsentiert sich das vulkanisch geprägte, erosionsgeplagte Hochland. Vegetation findet sich oft nur in Tälern und Senken.

Bodenerhaltung ist ein wichtiges Thema für die Menschen rund um den großen See Mývatn. Sie sind sich durchaus bewusst, dass die großen Sand- und Wüstengebiete der Umgebung menschengemacht sind. Schätzungen zufolge war Island vor seiner Besiedlung bis zu 75 Prozent mit Bewuchs bedeckt, demzufolge also auch große Teile des Hochlandes. Birkenwälder mit teils stattlichen Bäumen wuchsen auf einem Drittel der isländischen Landfläche. Dies änderte sich durch die Siedler, die das Land brandrodeten und ihr Nutzvieh darauf weiden ließen. Besonders die Überweidung und Holzkohleproduktion im 18. und 19. Jahrhundert trieben die Bodenerosion weit voran. Heute besteht die Hälfte der isländischen Landfläche aus Wüsten. Besonders betroffen von dieser Entwicklung ist das Hochland südlich des Mývatn. Dort wird seit drei Jahrzehnten mit unterschiedlichen Methoden erfolgreich versucht, das Land wieder zu begrünen.

Eine Oase in der Wüste

Mit 37 Quadratkilometern Fläche ist der Mývatn der viertgrößte See Islands. Er liegt wie eine Oase in der Wüste in einem saftig-grünen Umland. Doch wenig vom Ufer entfernt findet man sich von schroffen Vulkankegeln und Lavafeldern umgeben. Auch der See ist vulkanischen Ursprungs. Er entstand, als Lavaströme vor 3500 Jahren den Abfluss des damaligen Baches blockierten. Seitdem hat sich hier ein einzigartiges Ökosystem entwickelt. Unzählige Zugvogelarten finden ein Refugium, darunter auch einige seltene Entenarten. Sie ernähren sich von den Milliarden Zuck- und Kriebelmücken, die dem See seinen Namen gaben: Mývatn bedeutet schlicht »Mückensee«.

Im flachen, maximal vier Meter tiefen Wasser existiert eine ganz spezielle Spezies. *Aegagropila linnaei*, auch als »Mooskugel« bekannt, ist eine Algenart, deren Fäden sich zu großen grünen Kugeln mit samtiger Oberfläche verweben. Die Isländer nennen diese bis zu 15 Zenti-

Das Baden in den Abwasserlagunen der Kraftwerke ist gefährlich (oben), ganz unbedenklich kann man dagegen im Bad Jarðböðin mit Blick auf den Mývatn entspannen (oben rechts). Östlich davon kann man Fumarolen und Schlammtöpfe bei Námafjall (unten) und junge Lavaformationen bei Leirhnjúkur sehen (Mitte).

meter großen Algenbälle lieblos »Kugelscheiße« (*kúluskítur*). Tatsächlich kommt die Wuchsform dieser Pflanze weltweit jedoch nur noch in drei weiteren Seen in der Ukraine, Estland und Japan vor und hätte ein wenig mehr Anerkennung sicherlich verdient! Insgeheim sind die Menschen vom Mývatn aber stolz auf dieses seltsame Gewächs. Seit 2006 sind die Algenkugeln unter Schutz gestellt und dürfen nicht mehr aus ihrem Habitat entfernt werden.

Pseudokrater und Trollburgen

Am Südufer des Sees findet man ein weiteres merkwürdiges Phänomen: die Pseudokrater von Skútustaðir. Sie entstanden, als sich in dem Gebiet vor 2300 Jahren heiße Lava über wasserhaltigen Untergrund schob, beispielsweise über Seen und Sumpfland. Der entstandene Wasserdampf entwich durch die enorme Hitze explosionsartig nach oben. Dabei riss die Lava auf und bildete kleine Krater. Da diese aber selbst keine Lava freisetzten, werden sie Pseudokrater genannt.

Etwa aus der gleichen Zeit stammt auch der Tuffring Hverfjall, der am Ostufer des Sees 150 Meter hoch aus der Landschaft aufragt. Er entstand, als heißes Magma auf Grundwasser stieß und gewaltige Wasserdampfexplosionen auslöste. Dabei entstand eine Dampfsäule von einem Kilometer Durchmesser, an deren Rand sich das ausgeworfene Material ringförmig absetzte.

Auch an dem etwas jüngeren Lavafeld Dimmuborgir, »Dunkle Burgen«, war Wasser an der Entstehung beteiligt. Hier schob sich die Lava über einen See, der daraufhin zu kochen begann. Der Wasserdampf entwich durch die Lava und formte hohle Säulen inmitten großer Luftblasen. Nach dem Erkalten des Lavastroms brachen diese Blasen in sich zusammen, die Säulen jedoch blieben stehen. So kommt es, dass in Dimmuborgir die bizarrsten Lavaformationen bis zu 20 Meter in die Höhe ragen. Hier kann man der Fantasie freien Lauf lassen und dabei verstehen, warum die Isländer an unsichtbare Wesen glauben. Bei einer Wanderung durch das Lavafeld an einem wolkenverhangenen Tag wähnt man sich verloren in einer von Trollen und Elfen bewohnten Ruinenstadt.

Wie viele andere Orte hat auch Dimmuborgir in den vergangenen 20 Jahren einen großen Wandel erlebt. Der Tourismus ist auf Island längst ein unverzichtbarer Wirtschaftsfaktor und verändert die Insel mindestens genauso stark wie die diversen Großindustrieprojekte. Die Hauptattraktion des Landes ist die Wildnis, die scheinbare Unberührtheit der urtümlichen Landschaft – doch die wird

durch den Tourismus unweigerlich gezähmt. In Dimmuborgir wandern die Besucher mittlerweile über asphaltierte Wege, die nur aus dem Grund angelegt wurden, damit Hyperaktive nicht an den filigranen Lavaskulpturen klettern. Für so manchen sind Absperrungen jedoch nur dazu da, um sie zu überschreiten.
Die Situation wird sich in Zukunft kaum verbessern, da es immer mehr Menschen in diese letzten Wildnisgebiete Europas zieht, die allmählich immer besser erschlossen und dadurch immer weniger »wild« werden. Islands Natur ist einzigartig, gewaltig und rau – aber sie ist auch ungeheuer empfindlich. Jeder Einzelne muss dazu beitragen, sie zu erhalten. Und das kann er am besten, indem er auf den Wegen bleibt und sich damit begnügt, die eine oder andere Sehenswürdigkeit aus der Ferne einfach nur mit den Augen zu genießen. Die Natur wird es ihm danken – und sein Vorbild positive Akzente setzen.

Fauchende Erde

Eine der größten Sehenswürdigkeiten des Umlandes ist das Hochtemperaturgebiet von Hveraröndbei Námafjall. Dort liegt direkt an der Ringstraße ein aktives und sich ständig veränderndes Feld heißer Quellen, kochender Schlammtöpfe, Fumarolen und Solfataren. Hier ist der Vulkanismus deutlich spürbar! Allerdings sind die Reisenden hier mehr denn je angewiesen, sich ja an die Wege und Absperrungen zu halten. Der kochende Boden ist manchmal hohl und nicht wenige Menschen haben sich schwere Verbrennungen zugezogen, als sie durch die scheinbar feste Erdoberfläche brachen und im brodelnden Schlamm standen. Zudem halten sich Fußspuren im weichen Boden sehr

Die jüngste Attraktion der Mývatn-Gegend ist die Badelagune Jarðböðin (links). Der Mensch hat seine Spuren auch am Kratersee Víti bei Krafla hinterlassen, der von Wegen und Kraftwerken geradezu umzingelt ist (Mitte). Schwefelwasserdampf entsteigt den fauchenden Solfataren bei Hverarönd am Berg Námafjall (oben u. unten).

Farmen am Ufer des Mývatn (rechts oben), der von Pflanzen wie dem Engelwurz gesäumt wird (rechte Seite unten). Von den Campingplätzen in Reykjahlíð (rechte Seite oben), genießt man fantastische Ausblicke auf die vulkanisch geprägte Umgebung (oben und unten). Das Lavafeld Dimmuborgir (Mitte) liegt ein paar Kilometer vom Ort entfernt.

lange und beeinträchtigen so das Naturerlebnis nachfolgender Besucher.
Der Ort blickt auf eine interessante Nutzungsgeschichte zurück. Vom 13. bis zur Mitte des 19. Jahrhunderts baute man hier und in den anderen Hochtemperaturgebieten der Umgebung Schwefel ab, der nach Nordeuropa exportiert wurde. Vor allem in Dänemark, aber auch in Deutschland und Großbritannien wurde isländischer Schwefel zur Produktion von Schwarzpulver genutzt.

Vulkangebiet Leirhnjúkur

Mindestens ebenso beeindruckend ist das Vulkangebiet von Leirhnjúkur. Hier öffnete sich in den Jahren 1975 bis 1984 in der Zeit der sogenannten Krafla-Feuer die Erde. Heute steigt immer noch Dampf aus dem jungen Lavafeld auf, das in allen nur erdenklichen Farben leuchtet. Da die empfindlichen Lavagesteine von Fußtritten zerstört werden, sollte man auch hier unbedingt auf den markierten Wegen bleiben.
Unterhalb des Lavafeldes erstreckt sich nicht weit vom Parkplatz entfernt ein Hochtemperaturgebiet, das für seine umwerfenden Farbkontraste berühmt ist. Hier füllen milchig grau-blaue Seen die Senken eines leuchtend gelben Tales. Der Besucherandrang ist mittlerweile so groß, dass man Holzplattformen errichtete und Plankenwege anlegen musste, um die Spaziergänger sicher über die kochende Erde zu führen.

Fluch und Segen der Erdwärme

Im Jahr 1967 wurde hier am Mývatn das erste Mal erprobt, die Energien der isländischen Hochtemperaturgebiete zu

nutzen. Das älteste Geothermiekraftwerk Islands steht in der Nähe von Jarðböðin und wird heute noch vom staatlichen Energiekonzern Landsvirkjun betrieben. Einige Jahre später begannen die Vorbereitungen für ein wesentlich größeres Kraftwerk am sieben Kilometer entfernten Vulkan Krafla. Die Natur scherte sich jedoch nicht um die Pläne der Menschen und entzündete nur wenige Monate nach Baubeginn am 20. Dezember 1975 die sogenannten Krafla-Feuer. Diese Serie von Vulkanausbrüchen sollte über neun Jahre andauern. Trotz der unmittelbaren Nähe zu einem aktiven Vulkan wurden die Bauarbeiten fortgesetzt und das Kraftwerk 1978 mit einer Energieproduktion von zehn Megawatt in Betrieb genommen. Dies war jedoch nur ein Bruchteil der geplanten Menge. Erst 1999 konnte eine zweite Dampfturbine angeschlossen und die Leistung auf 60 Megawatt gesteigert werden.
Für Technikbegeisterte ist der Besuch des Kraftwerks hochinteressant. Wie ein auf Grund gelaufener Dampfer liegt es mit stetig qualmenden Schornsteinen im Tal. Spiegelnde Röhren und Hochspannungsleitungen durchschneiden die Landschaft; die Verkleidungen der Bohrlöcher stehen wie silberfarbene, dampfende Iglus auf den umliegenden Hügeln. Der Kontrast zwischen vulkanischer Landschaft und futuristisch-moderner Technik mutet völlig surreal an. Dieser starke optische Eindruck ist eine große Schattenseite dieser regenerativen Energieform. Schlimmer noch werden durch sie unberührte, einzigartige Hochtemperaturgebiete fortlaufend zerstört. Denn leider ist Geothermie nur dann regenerativ, wenn sie mit Augenmaß eingesetzt wird. Da die isländischen Kraftwerke jedoch viel mehr Dampf nutzen als natürlich nachströmen kann, ist die Nutzungsdauer eines Bohrlochs auf nur wenige Jahre begrenzt. Um die produzierte Energiemenge aufrechtzuerhalten, müssen immer neue Bohrlöcher in immer neuen Gebieten gegraben werden.
Momentan unterhält das Kraftwerk Kröfluvirkjun 35 Bohrlöcher, die bis zu 2200 Meter in die Tiefe reichen. Geplant ist zudem ein Ausbau auf 150 Megawatt Leistung. Auch alle anderen Hochtemperaturgebiete nördlich des Mývatn werden momentan erschlossen, um eine geplante Aluminiumschmelze bei Húsavík mit Strom versorgen zu können. Diese soll Aluminiumblech für den amerikanischen Bedarf produzieren, für das wiederum Erze aus Australien und billige Kohle herangeschifft werden müssen. So sauber wie die isländische Großindustrie nach außen hin wirken möchte, ist sie leider nicht.

VERWÖHNPROGRAMM IN REYKJAHLÍÐ

Das am Nordostende des Sees gelegene Reykjahlíð ist das Hauptversorgungszentrum am Mývatn. Ein Hotel, mehrere Gästehäuser, zwei Campingplätze, ein Kajak-, Fahrrad- und Angelverleih, Schwimmbad, Tankstelle und Supermarkt sind in dem 200-Seelendorf zu finden. Bis vor wenigen Jahren arbeiteten die meisten Bewohner in einem Werk, in dem der Schlamm des flachen Sees zu Kieselgur verarbeitet wurde. Aus Umweltschutzgründen wurde das Werk geschlossen und 100 Menschen verloren ihren Arbeitsplatz. Als kleiner Ausgleich wurde im Jahr 2004 das Geothermalbad Jarðböðin eröffnet, das seither unter Islandkennern als schöne, allerdings ebenso teure Alternative zur Blauen Lagune gilt. Hier kann man mit Blick auf den Mývatn im heißen Thermalwasser baden, das einem Bohrloch in einem Kilometer Entfernung entstammt. Wegen seiner chemischen Zusammensetzung gedeihen in dem mineralstoffreichen, basischen Wasser weder unerwünschte Bakterien noch Pflanzen, sodass der Zusatz von Chlor oder anderen Desinfektionsmitteln nicht nötig ist.

WEITERE INFORMATIONEN

zur Badelagune »Jarðböðin«:
www.jardbodin.is

Das milchige Wasser des Gletscherflusses Skjálfandafljót gräbt sich langsam immer tiefer in die Ebene aus Lavagestein (oben) und bringt Juwelen wie den Goðafoss hervor (rechte Seite unten). Im Winter legt die Gischt des Wasserfalls eine feine Eisschicht über die Gräser der umliegenden Ebene (unten).

30 Kraftvoller Skjálfandafljót

Am Wasserfall der Götter

Auf den ersten Blick ist der Skjálfandafljót nur einer von unzähligen Flüssen auf Island. Den viertlängsten Strom der Insel im Nordatlantik schmücken jedoch einige großartige Wasserfälle, darunter der historisch bedeutende Goðafoss. Zudem steht das Fließgewässer stellvertretend für die vielen Großindustrieprojekte, die das Antlitz der Insel künftig stark verändern könnten.

Auf einem Gehöft westlich des Goðafoss lebte um die vorletzte Jahrtausendwende Þorgeir Þorkelsson. Er war der Gode seiner Region, ein Stammeshäuptling, der die Befehlsgewalt über den gesamten Bezirk und die lokale Thingversammlung besaß. Außer ihm gab es noch 38 weitere Goden in Island, die sich einmal im Jahr in Þingvellir beim Althing trafen, um dort über stammesübergreifende Probleme oder schwere Straftaten gemeinsam zu entscheiden. So auch im Jahr 1000, als Þorgeir Þorkelsson der gewählte Gesetzessprecher des Althing war. In dieser Zeit existierten das Christentum und alte Glaubensvorstellungen in Island nicht reibungslos nebeneinander. Þorgeir, der zugleich auch Priester der alten Religion war, appellierte in einer eindringlichen Rede an den Zusammenhalt der Isländer und unterstrich die Notwendigkeit einer friedlichen Lösung des Religionsstreites. Daraufhin wurde er beauftragt, zu bestimmen, welcher Glauben die Staatsreligion werden sollte. Nach längerer Überlegung entschied er, dass sich alle Isländer von nun an dem Christentum zuwenden sollten. Er erlaubte Andersgläubigen jedoch, heimlich einige Rituale ihrer Religion weiterhin auszuführen. Þorgeirs Beschluss wurde von allen akzeptiert und brachte Frieden in das gespaltene Land.

Juwelen der Skjálfandafljót

Der Sage nach warf Þorgeir nach seiner Rückkehr all seine Götterstatuen in den Goðafoss, der daraufhin »Wasserfall des Goden« bzw. »Wasserfall der Götter« genannt wurde. Ein Felsen teilt den neun und 17 Meter hohen Wasserfall, der je nach Wassermenge noch weitere, kleinere Ableger aufweist. Der Goðafoss stürzt in eine bis zu 100 Meter breite Schlucht, die er sich auch heute noch aktiv gräbt. Jedes Jahr verschiebt sich der Wasserfall um acht bis 27 Zentimeter gen Süden.
Knapp 40 Kilometer flussaufwärts gibt es am nördlichen Ende der Sprengisandur-Piste mit dem Aldeyjarfoss einen weite-

ren, einzigartigen Wasserfall zu bestaunen. Etwa 20 Meter tief stürzen hier die tosenden, grauen Wassermassen des Skjálfandafljót in einen Kessel aus farbigen Basaltsäulen. Das Lavafeld oberhalb des Flusses hält noch weitere Juwelen versteckt, wie etwa die Kaskade des Hrafnabjargarfoss.

Fluch und Segen der Wasserkraft

Seit Jahren versuchen isländische Lokalpolitiker, mit billigem Strom ausländische Investoren ins Land zu locken. Seit im Jahr 2007 für das Wasserkraftwerk Kárahnjúkar ein einzigartiges Wildnisgebiet in Ostisland erschlossen wurde, wird auch in Island über den Sinn und Unsinn solcher Projekte diskutiert. Die unausweichlichen Umweltprobleme durch die angeblich grüne Energiegewinnung vertragen sich einfach nicht mit dem Naturtourismus, der als Wirtschaftsfaktor immer wichtiger wird. Dennoch mangelt es auch weiterhin nicht an ehrgeizigen Ideen für Großprojekte. Zur Diskussion stehen aberwitzige Planungen wie etwa der Bau einer Ölraffinerie in den Westfjorden oder die unmittelbar bevorstehende Zerstörung von Islands wasserreichstem Wasserfall, dem in Südisland unmittelbar an der Ringstraße gelegenen Urriðafoss. Geschmiedet werden aber auch Pläne, den Skjálfandafljót durch ein Wasserkraftwerk zu nutzen. Durch dieses würden die oberen Wasserfälle wie der Aldeyjarfoss und auch der Goðafoss in Mitleidenschaft gezogen werden. Darüber hinaus würden die bisher fast unberührte Weite der nördlichen Sprengisandur-Straßen und Hochspannungs leitungen verlegt werden. So manchem stellt sich die Frage, ob es nicht viel notwendiger und zukunftsträchtiger wäre, in den geschickten Ausbau und in die Verwaltung der Tourismusbranche zu investieren. Hält Island an seinem bisherigen Kurs fest, seine Ressourcen auszubeuten, wird von der Wildnis, die alle Besucher so fasziniert und letztlich Islands Bewohner so stark geformt hat, bald nicht mehr viel übrig sein.

HOCHLANDPISTE SPRENGISANDUR

Sprengisandur ist der Name der 200 Kilometer langen Piste F26, die vom Aldeyjarfoss im Norden quer durch die Mitte des Hochlands bis zum Hrauneyja-Kraftwerk im Süden führt. Da bei der Durchquerung der schwarzen Hochlandwüste auch Flüsse gefurtet werden müssen, ist die Piste nur mit Geländewagen befahrbar. Unterwegs sind hier aber auch viele Mountainbikefahrer, Wanderer, und auf der Island-Traverse Reitergruppen. Die Hütte Nyidalur des isländischen Wandervereins liegt sehr zentral mitten im Hochland und besitzt auch einen Campingplatz. Die Sprengisandur ist neben der Kjölur die beliebteste Hochlandpiste und wird alle drei Tage von Linienbussen befahren. Die rumplige Fahrt vom Mývatn nach Landmannalaugar oder Reykjavík (oder umgekehrt) dauert mit mehreren Pausen fast zwölf Stunden.

WEITERE INFORMATIONEN

zum Busfahrplan auf der Sprengisandur: www.re.is

zum isländischen Hüttenverein wegen der Übernachtungen in Nyidalur: www.fi.is

zu Sehenswürdigkeiten und Infrastruktur Nordostislands: www.visitnortheasticeland.is

Markant thront die Akureyrarkirkja über der kleinen Stadt (oben), die sich an den Rand des Fjordes Eyjafjörður schmiegt (rechte Seite unten). »Bláa Kannan« ist ein beliebtes Café in der Innenstadt (unten). Das kleine Nonnahús (rechte Seite oben) befindet sich in den südlichen Außenbezirken der Stadt.

31 Stadtluft in Akureyri

Das Tor zum Norden

Nach dem Großraum Reykjavík ist Akureyri der zweitgrößte Ballungsraum Islands. Die Hauptstadt des Nordens hat zwar nur 17 000 Einwohner, besitzt aber eine hervorragende urbane Infrastruktur. Im stimmungsvollen Akureyri gibt es viel zu sehen und zu unternehmen. Auch bieten sich hier lohnende Ausflüge in die nähere Umgebung an.

Nordislands größte Stadt schmiegt sich an die hügelige Westseite des weit ins Land hineinragenden Fjordes Eyjafjörður. Auf den ersten Blick wirkt Akureyri gar nicht wie das Dienstleistungs- und Verwaltungszentrum des Nordens und die viertgrößte Stadt des Landes. Im Gegensatz zu den drei miteinander verwachsenen Großstädten Reykjavík, Hafnafjörður und Kópavogur gefällt in Akureyri das gemütliche Flair, das nicht zuletzt von der Lage der Stadt und der Architektur ihrer kleinen Häuser bestimmt wird. Obwohl der Ort nur 100 Kilometer vom Polarkreis entfernt ist, sorgen das milde Klima und die vielen Sonnenstunden für eine üppige Vegetation. Gepflegte Gärten und Parkanlagen liegen zwischen den farbenfrohen Häusern der auf einem Berg erbauten Stadt. Im Zentrum in der Nähe des Hafens findet man Cafés, Galerien und Souvenirläden. Ein Stadtrundgang führt zu Holzhäusern im dänischen Stil des 18. bis 19. Jahrhunderts und zu Steinbauten und Villen aus der ersten Hälfte des 20. Jahrhunderts.

Nonni und Manni

Das auffälligste Gebäude der Stadt ist die auf einem Hügel thronende Akureyrarkirkja. Die zwei Türme der 1940 entworfenen Kirche bestimmen das Stadtbild. In ihrem Inneren sind unter anderem eine bayrische Orgel sowie ein 400 Jahre altes Glasfenster aus der Kathedrale von Coventry zu bewundern. Akureyris viele Museen sind über die ganze Stadt verteilt. Einen Stadtplan sowie Tipps zu Lage und Öffnungszeiten der Sehenswürdigkeiten erhält man in der Touristeninformation beim Busbahnhof. Neben Kunst-, Naturkunde- und Heimatmuseen stehen mehrere historische Häuser, in denen bedeutende Poeten lebten, Besuchern offen. Für deutsche Reisende wohl besonders interessant ist das etwas außerhalb gelegene historische Nonnahús. Das hübsche, ganz in Schwarz-Weiß gehaltene dänische Holzhaus beherbergt ein Museum über den Kinderbuchautor Jón Sveinsson. Der mit Kosenamen »Nonni« genannte Schriftsteller wurde bei Akureyri geboren. Anfang des 20. Jahrhun-

derts beschrieb er in zwölf Nonni-Büchern seine Jugend auf Island sowie sein späteres Leben und Wirken in Europa, den USA und Japan. Die spannenden Jugendromane wurden in 30 Sprachen übersetzt und prägten die Kindheit einer ganzen Generation. Wer mit den Geschichten von Nonni und Manni großgeworden ist oder sich noch an die 1988 im ZDF erstmalig ausgestrahlte Verfilmung erinnert, sollte dem Museum unbedingt einen Besuch abstatten.

Lebendig und skurril

Akureyri ist unter anderem dank seiner Hochschulszene eine quirlige Stadt. Ein beliebter Erholungsort ist der sehenswerte botanische Garten, in dem Tausende Pflanzen aus den gemäßigten Breiten und den Hochgebirgen der Erde kultiviert werden. Die liebevoll gepflegte Grünanlage liegt hoch über dem Fjord und ist unter anderem mit rund 400 einheimischen Pflanzenarten bestückt. An Sommerwochenenden lockt eine Vielzahl von Freizeitangeboten, Thementagen und Festivals Isländer aus dem ganzen Land nach Akureyri, welche die Mittsommernächte gerne zum Tag machen. Gäste auf dem Campingplatz nahe dem Stadtzentrum müssen dann mit einem hohen Lärmpegel rechnen. Die günstigen Übernachtungsmöglichkeiten wie etwa die städtische Jugendherberge oder die netten kleinen Gästehäuser sind daher oft lange im Voraus ausgebucht.
Eine skurrile Sehenswürdigkeit ist das südlich von Akureyri gelegene Jólahús. Dieses mit unzähligen Weihnachtsartikeln vollgestopfte »Weihnachtshaus« in Form eines roten Lebkuchenhäuschens ist so vollkommen »unisländisch«, dass es schon fast wieder isländisch ist. Beim Anblick weißer Bäume und lebensgroßer Weihnachtsmannfiguren schütteln Besucher nicht selten spöttisch den Kopf und wundern sich über die Verschrobenheit der Inselbewohner. Selbst auf der Toilette ist man manchmal vor Weihnachtsstimmung mitten im Sommer nicht gefeit. Schließt man die Tür, so erklingen typisch amerikanische Weihnachtslieder!

MUSEUMSHOF LAUFÁS

Vor der Kulisse hoher Berge, unmittelbar am Ufer des Eyjafjörður gelegen, liegt neben einer hübschen Holzkirche eine weitere Sehenswürdigkeit: der Museumshof Laufás. Das große Torfgehöft wurde Mitte des 19. Jahrhunderts erbaut und war bis 1936 der Wohnsitz der dortigen Pfarrersfamilie. Heute ist der aus Torf- und Grassoden aufgebaute Hof ein Museum, das sich nur 30 Kilometer nordöstlich von Akureyri und nur zehn Kilometer von der Ringstraße entfernt befindet. Zu besichtigen sind hier verschiedene, teils doppelgeschossige Zimmer, die noch komplett so eingerichtet sind wie zur Zeit ihrer letzten Bewohner. Der einst sehr reiche alte Pfarrhof ist zudem unglaublich malerisch vor der Kulisse des Eyjafjörður und dessen hohen Bergen gelegen. Er kann während des Sommers täglich von 9 bis 18 Uhr besichtigt werden.

WEITERE INFORMATIONEN

zu den Museen in der Umgebung Akureyris: www.akmus.is
zu Akureyri, den Dienstleistungen und Freizeitangeboten erhält man unter: www.visitakureyri.is
Das Nonnahús ist auch im Internet präsent unter: http://www.nonni.is

Etwas deplatziert wirkt der Turm der Kirche in Hólar, der tatsächlich mehrere Meter vom Gotteshaus entfernt steht (oben). Wer beim Pferdeabtrieb des Laufskálarétt dabei ist (rechte Seite unten), wird so manchen echten isländischen Cowboy zu Gesicht bekommen (unten)!

32 Islandpferde im Skagafjörður

Der Bischofssitz Hólar

In einem Seitental des Skagafjörður steht die älteste Steinkirche Islands. Hólar im Hjaltadalur ist ein alter Bischofssitz, der heute eine auf Pferdezucht und Reitsport spezialisierte Hochschule beherbergt. Jeden Sommer findet ganz in der Nähe der größte Pferdeabtrieb des Landes statt.

Östlich des berühmten Skagafjörður liegt im Schutz von hohen Bergen das Tal Hjaltadalur. Die für Nordisland so typischen pyramidenförmigen Berge mit ihren Einschnitten und Seitentälern sind teilweise von einigen kleinen Gletschern bedeckt, schenken aber den Talbewohnern im Sommer manchmal Temperaturen von bis zu 30 Grad Celsius.
Auf der Nordseite des bezaubernden, grünen Tales liegt das kleine Hochschuldorf Hólar, das das ganze Jahr über vor Leben sprüht. Der Ort war 700 Jahre lang das religiöse Zentrum Nordislands. 36 Bischöfe residierten hier zwischen 1106 und 1801. Die heute noch bestehende Domkirche mit dem hohen Turm wurde aus dem sandsteinartigen Vulkangestein der Umgebung errichtet und 1763 geweiht. An ihrem Bau sollen auch deutsche Steinmetze und Maurer beteiligt gewesen sein.

Universität und Bereiterschule

Von Anbeginn befanden sich an dem Bischofssitz auch schulische Einrichtungen. 1882 wurde das Anwesen von der Gemeinde aufgekauft und dort eine Landwirtschaftsschule eröffnet. Sie entwickelte sich im Lauf der Zeit zur Fachhochschule und bekam schließlich im Jahr 2007 den Universitätsstatus zugesprochen. Heute können hier Hochschulabschlüsse in den Fachbereichen Aquakultur, Wasserbiologie, Pferdekunde und Tourismus erworben werden.
Freunden des Islandpferdereitsports ist Hólar ein einschlägiger Begriff. Es ist der einzige Ort auf der Insel, an dem man eine offizielle Ausbildung zum Jungpferdebereiter abschließen kann. Dazu liegt es am Skagafjörður, der als Hochburg der Islandpferdezucht gilt und oft die »Wiege der Islandpferdereitkunst« genannt wird. Die bekanntesten Islandpferdezüchter und viele erstklassige Zuchtpferde entstammen dem Skagafjörður. Angeblich ist er die einzige Gemeinde Islands, in der es mehr Pferde gibt als Menschen.

Der Pferdeabtrieb Laufskálarétt

Am letzten Wochenende im September findet alljährlich im Hjaltadalur das Lauf-

skálarétt statt, der größte Pferdeabtrieb des Landes. Die Pferde, die nicht für Reittouren oder die Zucht eingesetzt werden, verbringen den Sommer frei auf den Hochweiden der Region. Im Herbst werden sie von ihren Besitzern gemeinschaftlich zusammengetrieben und in das zentrale Sortiergatter im Hjaltadalur gebracht. Es ist ein überwältigender Anblick, wenn die mehrere Hundert Tiere starke Pferdeherde im Tal ankommt. Gruppenweise werden die Tiere von der Sammelweide in das Innere des Sortiergatters getrieben. Cowboyatmosphäre kommt auf, wenn die schnaubenden Tiere zielsicher von ihren Besitzern aussortiert werden. Dicht an dicht gedrängt stehen die Pferde anschließend in den äußeren Gattern des riesigen Kreises, ruhen sich mit dampfenden Leibern von der Aufregung der vorherigen Stunden aus und beobachten interessiert das Geschehen.

Mittlerweile hat sich das Laufskálarétt als Volksfest etabliert. Tausende von Menschen aus allen Landesteilen und dem Ausland schauen sich das Spektakel an und genießen die großartige Stimmung. Natürlich darf auch hier der reichhaltige Genuss von Alkohol nicht fehlen. Wie bei jeder echt isländischen Zusammenkunft wird auch zu diesem Anlass ununterbrochen gesungen, geschwatzt und viel getrunken.

Für viele Besucher startet der Spaß am Freitagabend bei der Pferdeshow in der Reithalle Svaðastaðir Sauðárkrókur. Von dort aus bricht am Samstagmorgen eine große Reiterschaft auf, die die Pferde vom Tal Kolbeinsdalur zum Sortiergatter treibt, um dort den Nachmittag mit dem Aussortieren zu verbringen. Abends treffen sich bis zu 1500 Feierlustige auf dem berühmtesten Ball der Umgebung, der bis spät in die Nacht mit Musik und Tanz unterhält.

ISLÄNDISCHE REITTOUREN

Nicht nur den Skagafjörður, sondern fast ganz Island kann man auf den Rücken von Pferden entdecken. Hier kommt jeder auf seine Kosten, sei es auf einem einstündigen Ritt, an einem Wochenende beim Schafabtrieb oder in einem mehrtägigen Reiterurlaub. Insbesondere diese sind zwar alles andere als günstig, aber einfach eine einmalige Erfahrung. Wo sonst in Europa kann man als Tourist an einem Schafabtrieb zu Pferde teilnehmen oder tagelang durch weitestgehend unberührte Natur reiten? Darüber hinaus ist die isländische Art des Langstreckenreitens höchst interessant. Die Reittiere werden hier sehr häufig gewechselt, um sie nicht zu ermüden. Auf einen Reiter kommen daher teilweise 15 Pferde, die in einer großen Herde zwischen dem Ersten und dem Letzten der Reitgruppe getrieben werden. Nicht nur für Pferdenarren ist dies ein unvergessliches Erlebnis.

WEITERE INFORMATIONEN

zum Skagafjörður:
www.visitskagafjordur.is
Anbieter von Reittouren:
www.icehorse.is, www.ishestar.is, www.eldhestar.is, www.extremeiceland.is

Liebevoll gepflegt wirken die Museumshäuser am kleinen Bootsanleger in Hofsós (oben und rechte Seite unten). Auch die kleine Kirche von Gröf (unten) und das brandneue, wunderschöne Schwimmbad (rechte Seite oben) zeigen, dass man sich vom ersten, wenig einladenden Eindruck des kleinen Ortes nicht täuschen lassen darf!

33 Der Westen von Tröllaskagi

Geschichte in Hofsós

Auf der Schotterstraße 76 fährt man um die gebirgige Halbinsel Tröllaskagi. Anziehungspunkte dieser malerischen Rundreise sind vor allem die kleinen Küstenstädte Siglufjörður, Ólafsfjörður und Dalvík – die winzige Siedlung Hofsós wird oft links liegen gelassen. Doch lohnt sich ein Aufenthalt hier wegen der hübschen, alten Häuser, des interessanten Museums und der reizvollen Landschaftsformen.

Hofsós ist ein verschlafenes, kleines Nest, dessen bunte Häuser sich auf zwei kleinen Hügeln unmittelbar am Ufer des Skagafjörður drängen. 184 Einwohner zählte das Dorf im Jahr 2010, selbst für isländische Verhältnisse ist es winzig. Innerhalb kürzester Zeit hat man es erkundet, seine bunten, unterschiedlich hübschen Häuser gesehen und den kleinen Laden entdeckt, der nur zu bestimmten Zeiten geöffnet hat. Unten am kleinen Hafen aber stößt man auf einige ganz in Schwarz gehaltene Holzhäuser, darunter auf das Pakkhúsið aus dem Jahr 1777. Das kleine Dorf ist einer der ältesten noch existierenden Handelsorte Islands und blickt auf eine lange Geschichte zurück. Deshalb unterhält der Museenverband des Skagafjörður, der auch das Torfgehöft Glaumbær auf der anderen Fjordseite betreut, hier ein hochinteressantes Museum. In den alten, liebevoll restaurierten Häusern am Hafen sind verschiedene Ausstellungen zu sehen. Im Pakkhúsið beispielsweise erfährt man vom Leben der Fischer vor Ort, vom traditionellen Vogelfang sowie vom Eiersammeln, das auf der Insel Drangey jahrhundertelang auch kommerziell betrieben wurde.

Neben den schwarzen Holzbauten steht ein kleiner Komplex aus hübschen, rot bedachten Häusern. Hier widmet sich das Auswanderermuseum Vesturfarasetrið einem wenig bekannten Kapitel der isländischen Geschichte: der Zeit der großen Auswanderung.

Die Flucht nach Westen

Im Jahr 1870 lebten auf Island etwa 70 000 Menschen. Die überwiegende Mehrheit der Bevölkerung waren einfache Bauern, die hauptsächlich von Schafzucht und in geringem Maße von Milchwirtschaft lebten. Nur zehn Prozent Isländer verdienten ihren Lebensunterhalt mit der Fischerei, wogegen 15 Prozent als Handwerker oder in anderen Dienstleistungen arbeiteten. Die Dänen behielten die Handelsmonopole und verhinderten somit die wirtschaftliche Entwicklung der Isländer, die meist

in kleinen, abgeschotteten Höfen in bitterer Armut lebten. Die Winter waren hart und lang, Heizmaterial war kaum vorhanden, und die Tiere verhungerten unter anderem in der Folge großer Vulkanausbrüche, wie etwa dem der Askja im Jahr 1875. In dieser Zeit emigrierten die ersten Isländer in der Hoffnung auf ein neues, besseres Leben nach Amerika. Als ihre Angehörigen schon nach wenigen Jahren enthusiastische Rückmeldungen erhielten, formierte sich eine regelrechte Auswanderungswelle. Schätzungsweise bis zu 20 000 Isländer emigrierten zwischen 1870 bis 1914 nach Nordamerika, rund 25 Prozent der damaligen Gesamtbevölkerung. Sie ließen sich in teilweise rein isländischen Siedlungen entlang der nordamerikanischen Küste nieder: So wird etwa in der Gemeinde Gimli, das in der Region »New Iceland« in Kanada liegt, noch heute ein ungewöhnlicher Dialekt des Isländischen gesprochen. Die hochinteressante Emigrationsgeschichte wird im Museum unter anderem anhand von einzelnen Familienschicksalen dargestellt, zusammen mit vielen Bildern und Gegenständen, die das harte Leben der damaligen Zeit verdeutlichen.

Torfkirche und Säulenbasalt

Einen besonderen Reiz besitzt die südlich an Hofsós anschließende Küste. Die Säulenbasaltklippen bei Staðarbjargavík wurden von der Brandung so abgeschliffen, dass sie in beeindruckender Formenvielfalt aus dem Meer aufragen. Hier, so wird gemunkelt, habe sich der Architekt von Reykjavíks Hallgrímskirkja zum Design der Kirche inspirieren lassen. Benannt wurde diese nach Hallgrímur Pétursson, einem evangelischen Pfarrer und bekannten isländischen Dichter aus dem 17. Jahrhundert. Hallgrímur wurde auf dem Großbauernhof Gröf geboren, der nur vier Kilometer südlich von Hofsós liegt. Dort steht heute die älteste und zugleich kleinste erhaltene Kirche des isländischen Festlandes. Das winzige schwarze Torfgebäude mit Grasdach aus der zweiten Hälfte des 17. Jahrhunderts wurde zeitweilig als Lagerraum zweckentfremdet und war fast ganz verfallen, bis es 1953 wieder aufgebaut wurde.

SCHWIMMEN MIT MEERBLICK

Das Freibad von Hofsós wurde im Frühjahr 2010 eröffnet und ist eigentlich nur ein typisch isländisches Schwimmbad. Hier laden ein beheiztes 25-Meter-Becken, ein warmes Planschbecken und ein heißer Pool ganzjährig zum Entspannen ein. Das Besondere an diesem modernen Schwimmbad sind seine Lage und seine Aussicht. Das es unmittelbar an die Küste gebaut wurde, versperrt hier nichts den Blick auf die See. Beim Schwimmen hat man deshalb den Eindruck, im Meer zu baden. Die Aussicht auf den Skagafjörður und die Insel Drangey ist traumhaft.

WEITERE INFORMATIONEN

zum Museum in Hofsós:
www.hofsos.is
Generelle Auskünfte zu den Dienstleistungen der Region Skagafjörður:
www.visitskagafjordur.is
Eindrücke und Informationen zur Halbinsel Tröllaskagi:
www.visittrollaskagi.com

Im Schein der Mitternachtssonne präsentiert sich die von Basaltsäulen und abgeschliffenen Lavasteinen geprägte Küste von Tröllaskagi in all ihrer Schönheit.

34 Kulturgeschichte im Skagafjörður

Vom Leben unter Grasdächern

Glaumbær ist der beliebteste Museumshof des Landes. Nur acht Kilometer nördlich des winzigen Durchgangsstädtchens Varmahlíð bilden ein großer Torfhof, zwei alte Holzgebäude und eine kleine, fotogene Kirche das sehenswerte Freilichtmuseum. Auch ein kleines Café und eine Ausstellung sind dort zu finden.

Die gelbweißen Giebelhäuschen sind nett anzuschauen (oben), und auch das Innere ist bei aller Zweckmäßigkeit gemütlich eingerichtet (unten). Direkt nebenan befindet sich eine kleine fotogene Holzkirche (rechte Seite unten).

Bei der Ankunft in Glaumbær sieht man schon die kleine Holzkirche mit dem roten Giebeldach vor der malerischen Kulisse des Skagafjörður stehen. Daneben ragt unscheinbar ein seltsam geformter, von leuchtend grünem Gras überwucherter Erdhügel in die Höhe. In die kunstvoll aufgeschichteten Lagen aus Torf sind kleine, weiße Fenster eingelassen. Umrundet man dieses auf ganz Island berühmte Torfgehöft, steht man vor einer holzverkleideten Fassade und sieht sechs unterschiedlich große, weißgelbe Giebelhäuschen, die eine malerische Reihe bilden.

Museumshof Glaumbær

Die ältesten Teile des gut erhaltenen Pfarr- und Bauernhofes stammen aus dem beginnenden 19. Jahrhundert. Bereits damals galt das Anwesen aufgrund seiner Größe als etwas Besonderes und seine wohlhabenden Bewohner wurden im ganzen Land geachtet.
Der Baustil entspricht der typischen ländlichen Hausform, die ab der Besiedlung Islands bis Mitte des 20. Jahrhunderts üblich war. Als Baustoff nutzte man Torf, da Holz nur in sehr begrenzter Menge zur Verfügung stand. Treibholz diente als innere, tragende Konstruktion, die Außenwände bestanden aus dicken, geschickt gegeneinander aufgebauten Torfschichten. Das von Holzpfosten und den starken Wänden getragene Grasdach musste einen bestimmten Winkel einhalten, um den Regen nach außen abzulenken und dennoch nicht zu schnell auszutrocknen. Da es auf diese Art schwierig war, große Räume zu bauen, setzte man einfach viele kleine Häuser nebeneinander und vereinte sie durch Gänge. In Glaumbær verbindet ein 20 Meter langer Gang zehn der insgesamt 13 Räume – die Bewohner mussten das Haus im Winter kaum verlassen. Zur Ausstattung gehörten mehrere Gästezimmer, Arbeits- und Lagerräume, darunter eine Küche sowie ein Raum zum Verarbeiten von Milchprodukten. Eine Schmiede schloss sich nach außen hin an. Die Tiere waren in separaten Ställen untergebracht, die heute aber nicht mehr erhalten sind.

Der größte Raum war der Schlaf- und Arbeitsbereich der Hausbewohner und gleichzeitig das Herz des Hofes. Elf kleine Betten für jeweils zwei Personen stehen in dem komplett mit Holz verkleideten Raum, der durch Zwischenwände in drei Bereiche aufgeteilt ist. Die Frauen saßen spinnend und strickend auf ihren Betten auf der Fensterseite, während die Männer Wolle kämmten und Seile aus Rosshaar anfertigten. Ein Esszimmer war nicht vorhanden. Jeder auf seinem Bett sitzend, speiste man gemeinsam im Schlafraum.

Die erste weiße Mutter in Amerika

Glaubt man der Grönland-Saga, einer bedeutenden schriftlichen Quelle aus dem 13. Jahrhundert, wurde der Hof von einem Wikinger namens Þorfinnur karlsefni Þórðarson gegründet, der durch den Grönlandhandel großen Reichtum erlangt hatte. Zu Þórðarsons Lebzeiten entdeckte Leifur Eriksson das sogenannte Vinland, eine heute nicht genau bestimmbare Region an der Nordküste Amerikas. Dass die Wikinger tatsächlich lange vor Christoph Kolumbus in Amerika gewesen waren, beweisen die Überreste alter Wikingersiedlungen, die man auf der Insel L'Anse aux Meadows in Neufundland gefunden hat. Auch Þorfinnur wollte das vielversprechende Vinland besuchen und organisierte eine große Expedition, die aus zwei Schiffen mit insgesamt 160 Personen an Bord bestand. Mit dabei war seine Frau Guðríður, die in Vinland ihren Sohn Snorri Þorfinnsson gebar. Dieser gilt heute als der erste in Amerika geborene Europäer. Nach drei Jahren kehrte die Familie nach Island zurück, wo sie sich in Glaumbær niederließ. Später unternahm Guðríður eine Pilgerreise nach Rom, eine für eine Frau des 11. Jahrhunderts überaus bemerkenswerte Unternehmung. Nach ihrer Rückkehr aus der Heiligen Stadt wurde sie Nonne und verbrachte ihren Lebensabend in Glaumbær.

PFERDESTADT SAUÐÁRKRÓKUR

Folgt man der Straße Richtung Norden, erreicht man die größte Stadt der Umgebung und gleichzeitige Dienstleistungszentrum der Region. Sauðárkrókur hat 2600 Einwohner, aber keine großartigen Sehenswürdigkeiten, lebt vom Fischfang, Handel und der Industrie. In der direkten Umgebung gibt es viele sehr gute Pferdezüchter. Nirgendwo sonst gibt es in Island mehr Pferde und Zuchtbetriebe auf so kleinem Raum wie hier im Skagafjörður. Hier werden Ausritte angeboten und regelmäßig Zucht- und Reitshows veranstaltet. Während der Sommermonate können Interessierte hier die besten Pferde des Landes in Aktion sehen und einiges über die Geschichte der Islandpferdezucht erfahren.

WEITERE INFORMATIONEN

zu den Pferdeshows, die zum Beispiel auf den Höfen Flugumyri und Varmilækur angeboten werden, gibt es auf der Homepage des Skagafjörður: www.visitskagafjordur.is

Informationen zum Museum Glaumbær: www.glaumbaer.is

35 Die Halbinsel Vatnsnes

Entlang der Seehund-Küste

Die Halbinsel Vatnsnes mag auf den ersten Blick unspektakulär erscheinen, steckt jedoch voller Überraschungen. Auf der 87 Kilometer langen Rundfahrt auf der Schotterstraße 711 sieht man eine Burgruine und unzählige Robben. Übernachtungsmöglichkeit bietet neben einem abenteuerlich geformten Vogelfelsen eine Jugendherberge mit Ausblick auf den Húnaflói.

Wie ein gehörnter Elefant steht der Felsen Hvítserkur unmittelbar vor der Küste (oben), an der sich oft Robben und Seehunde ausruhen (rechte Seite oben). Trockenfisch hängt, weithin riechend, an hölzernen Gestellen im Wind (unten). Schon allein die grandiose Aussicht lohnt den Aufstieg nach Borgarvirki (rechte Seite unten).

Rund die Hälfte der 1100 Einwohner der Region Húnaþing Vestra lebt in Hvammstangi, einem kleinen, zweckmäßigen Dorf an der Westseite der bergigen Halbinsel Vatnsnes. Es ist das Dienstleistungszentrum der umliegenden Gebiete und lebt vor allem vom Tourismus sowie einer überraschend hohen Anzahl spezialisierter Kleinbetriebe. So findet man hier etwa Islands größte Wollwarenfabrik, aber auch eine Kunstgewerbegalerie, ein Goldschmiedeatelier und eine Plastiktütenfabrik. Kulturell wartet Hvammstangi mit dem Handelsmuseum Verslunarminjarsafnið sowie dem Seehundzentrum Selasetrið – Seals and Sagas auf, das gleichzeitig als Touristeninformation fungiert.

Tierische Attraktionen

In Richtung der Grönlandsee gelegen, kommen im Húnaflói, der »Bucht der Eisbärenjungen«, immer wieder Eisbären auf Eisschollen an Land. Seit der ersten Sichtung im Jahr 890 weiß man von 612 Eisbären, die Island erreichten. Der vorerst letzte Vertreter seiner Art wurde im Mai 2011 kurz nach seiner Ankunft auf Hornstrandir in den Westfjorden erlegt. Die eigentlichen und wesentlich ungefährlicheren Wahrzeichen des Húnaflói sind jedoch die Robben, die sich bei Ebbe an den Stränden und auf den Sandbänken unmittelbar vor der Küste tummeln. Die Bucht Hindisvík, von vielen Reiseführern als Hauptbeobachtungsort vorgestellt, ist mittlerweile aus Naturschutzgründen für Fußgänger gesperrt. Der Bestand der dortigen großen Robbenkolonie war aufgrund zu vieler zu aufdringlicher Besucher zurückgegangen. Heute gelten die beiden Buchten Svalbarð und Illugastaðir als beste und empfohlene Beobachtungspunkte für Robben und viele Seevogelarten. Weitere Informationen dazu liefert das Seehundzentrum in Hvammstangi. Auch im Nordosten der kleinen Halbinsel kann man Robben und Seevögel beobachten, etwa die selbstbewussten Küstenseeschwalben, die im hohen Gras brüten und ihre Nester kämpferisch

gegen trampelnde Eindringlinge verteidigen. Unmittelbar am Fjord gelegen, preist die hiesige Jugendherberge Ósar völlig zu Recht ihre fantastische Aussicht an. An kaum einem anderen Ort auf Island hat man direkt aus seinem Schlafzimmer einen solch unverstellten Blick auf die Mittsommersonne, die zu Sonnenaufgang tiefrot über dem stillen Fjord steht und das Meer in warme Farben taucht.

Vogelfelsen und Burgen

Nahe der Jugendherberge ragt der 15 Meter hohe Vogelfelsen Hvítserkur vor der Kulisse der entfernten Berge von Skagaströnd aus dem Meer. Der seltsam geformte Basaltfelsen steht unweit der Steilküste und wurde von der Brandung an zwei Stellen ausgehöhlt. Seine Form erinnert an einen Elefanten oder einen Dinosaurier und ist eines der beliebtesten Fotomotive der Region.
Entlang der Straße 711 zeugen immer wieder verlassene, oft völlig verfallene Bauernhöfe von der Landflucht aus der Region. Seit dem industriellen Aufschwung Islands, der nach dem Zweiten Weltkrieg begann, zieht es besonders die junge Generation vermehrt in den Großraum Reykjavík. Deshalb gehören Hausruinen in vielen Landesteilen mittlerweile zum normalen Bild.
Im Osten der Halbinsel führt die Piste 717 zu einer der wenigen Festungsanlagen Islands. Um diese als solche zu erkennen, bedarf es allerdings einiger Fantasie. Borgarvirki ist ein 177 Meter hohes, natürliches Bollwerk aus Basalt, das von 10 Meter hohen, steil aufragenden Basaltsäulen gekrönt wird. Innen weist es eine sechs Meter tiefe Senke auf. Hier befinden sich die Überreste zweier Häuser und eines Brunnens aus der Besiedlungszeit. Unmittelbar nach dem Zweiten Weltkrieg wurden die fast völlig zerfallenen Mauern rekonstruiert. Heute kann man nach einem kurzen Spaziergang die bis zu zwei Meter hohe Befestigungsmauer besichtigen und durch ein Tor in den Innenbereich der Anlage gelangen.

ERDKEGEL VATNSDALSHOLAR

Südlich der Salzwasserlagune Hóp und der Kirche von Þingeyrar fällt direkt an der Ringstraße eine Ansammlung von Erdhügeln auf. 40 Quadratkilometer bedecken diese merkwürdigen, Vatnsdalshólar genannten Kegel aus Erde und Geröll. Über ihre Entstehung wurde lange Zeit gerätselt. Heute vermutet man, dass sie mehreren Erdrutschen aus dem Berg Vatnsdalsfjall entstammen, die sich über die Reste der Eiszeitgletscher ausbreiteten. Als das Eis unregelmäßig schmolz, sank die darüberliegende Erd- und Geröllschicht in die trichterförmigen Schmelzkessel nach. Nachdem das Eis vollständig abgeschmolzen war, blieben kegelförmige Erdhügel zurück.

WEITERE INFORMATIONEN

zu Übernachtungsmöglichkeiten und Freizeitangeboten im Gebiet Húnaþing Vestra: www.northwest.is
Die Jugendherberge Ósar ist auf der Seite der isländischen Jugendherbergen verzeichnet: www.hostel.is
Die Homepage des Seehundzentrums: www.selasetur.is

Typisch für die Westfjorde sind hohe Tafelberge, die steil ins Meer abfallen: so etwa bei Drífandisbjarg auf Hornstrandir (rechts). In den größten Seevogelkolonien der Insel sieht man auch Dreizehenmöven (Mitte). Arnarstapi vor dem Snæfellsjökull (unten) und die bunte Stadt Stykkishólmur (oben) sind weitere attraktive Ziele.

Der Westen

36 Das Naturreservat Hornstrandir

Überlebenskampf im Paradies

Die Halbinsel Hornstrandir liegt weit abgelegen im äußersten Nordwesten Islands. 455 Straßenkilometer oder ein ökologisch fragwürdiger Inlandsflug liegen zwischen Reykjavík und der nächstgelegenen Stadt Ísafjörður, der Bezirkshauptstadt der Westfjorde. Von dort fährt ein kleines Familienunternehmen eine stetig wachsende Anzahl Wildnishungriger per Boot nach Hornstrandir, das sich in den letzten Jahren vom Geheimtipp zum beliebten Wanderparadies entwickelt hat.

Wie eine große Insel liegt Hornstrandir vor der Küste bei Ísafjörður (oben). Saftige Wiesen und Hochmoore, wie hier bei Hornbjarg, werden vom wechselhaften Wetter in immer neues Licht getaucht (rechts). Bei Hesteyri schauen Angehörige regelmäßig nach den Grabstätten der ehemaligen Bewohner (unten).

Unmittelbar unterhalb des Polarkreises liegen 580 Quadratkilometer unbewohntes Land mit tiefen Fjorden, deren bis zu 530 Meter hohe Steilklippen senkrecht ins Meer abfallen. Entlang der Buchten blühen unzählige Wildblumen und auf den Stränden stapelt sich angeschwemmtes Treibholz. Vegetationsarme Hochebenen überragen die saftig-grünen Täler, an deren Flanken sich selbst im Spätsommer noch Altschneefelder klammern. Statt Zivilisationslärm erfüllen das Rauschen der Brandung und die Schreie unzähliger Seevögel die Luft, während struppige Polarfüchse die Reisenden wachsam und neugierig beobachten. Wenn das Wetter mitspielt, ist Hornstrandir ein einziger, romantischer Trekkingtraum.

Pflanzen- und Tierparadies

Seit das Gebiet 1975 unter Schutz gestellt wurde, kann sich die Natur hier fast ohne menschlichen Einfluss entwickeln. Der fehlenden Beweidung ist es zu verdanken, dass die Flora wesentlich vielfältiger ausgeprägt ist als in anderen Landesteilen. Ungewöhnlicherweise durchmischen sich hier Pflanzengesellschaften aus dem Hoch- und Mittelgebirge sowie aus dem Flachland. Trotz der kurzen Wachstumsperiode und der langen, schneereichen Winter findet der aufmerksame Pflanzenfreund hier auf kleinstem Raum und Seite an Seite Rosenwurz, Wald-Storchschnabel, arktisches Weidenröschen, Westliche Kuckucksblume (eine Orchideenart), weiße Silberwurz, Thymian und arktischen Mohn.

Nicht minder beeindruckend ist die Tierwelt der Region. Polarfüchse siedeln in jedem Fjord und sind dank der fehlenden Bejagung sehr zutraulich. An den steilen Felsen nisten Abertausende von Seevögeln, und auch die Moore, Täler und Buchten beheimaten Dutzende von Zugvogel- und Insektenarten.

Tiefe Wolken kündigen bei Furufjörður Regen an (rechte Seite unten). Doch das Wetter hält (unten)! Heidelbeeren bereichern das Campingessen (Mitte), dessen Geruch einen jungen Polarfuchs anlockt (rechts oben). Blick auf den Drangajökull (rechte Seite oben) und auf die bunten Häuser von Hesteyri (oben). Für Kajakfahrer sind Schwimmwesten ein Muss.

Überlebenskampf am Polarkreis

Außerhalb der kurzen Sommermonate ist Hornstrandir jedoch alles andere als paradiesisch. Ungebremst weht der stetig-kalte Wind durch die waldlosen Fjorde, die Gipfel der schroffen Berge sind wahre Wolkenfänger. Hier oben am Polarkreis ist man den Elementen schutzlos ausgeliefert. Umso erstaunlicher scheint es, dass das Gebiet mehrere Jahrhunderte lang besiedelt war. In den Zeiten der großen Heringsfischerei im 19. Jahrhundert zählten Orte wie Hesteyri zeitweise über hundert Bewohner. Auch in der Bucht Aðalvík lebten über 200 Menschen von der Fischerei und der Landwirtschaft. Als Mitte des 20. Jahrhunderts jedoch der Hering ausblieb, wurde Hornstrandir verlassen. Die Menschen hatten ihre Arbeit verloren, und die Lebensumstände waren einfach zu widrig. Das mussten auch die Siedler anderer Nationen einsehen, die sich kurzzeitig in dem Gebiet niederließen. Norweger betrieben bei Hesteyri von 1894 bis 1915 eine Walfangstation, und Briten bauten dort 1942 einen Geschützturm, der sofort nach Ende des Krieges aufgegeben wurde. Auf dem Straumsnesfjall bei Aðalvík begannen die Amerikaner im Jahr 1953 mit dem Bau einer Radarstation. Mühevoll erschlossen sie den Berg mit einer gut befestigten Straße und bauten sogar einen Flugplatz. Jedoch gaben sie die Anlage kurz nach ihrer Fertigstellung auf. Das Wetter und die Lebensumstände hatten sich als zu widrig erwiesen.

Abenteuer Wandern

Heute jagt der Wind ungestört durch die Ruinen; die Natur holt sich allmählich zurück, was der Mensch ihr mühsam abgetrotzt hat. Einige wenige Gebäude wurden jedoch erhalten und zu Sommerhäusern umfunktioniert. Mit entsprechender Planung kann man nun von Fjord zu Fjord wandern, in den historischen Häusern übernachten und sich sein Gepäck mit dem Boot nachbringen lassen. Diese Luxusvariante des Wanderns ist besonders unter Isländern beliebt, die etwa die Hälfte der Besucher ausmachen.

Die meisten Touristen aber ziehen es vor, die Wildnis Hornstrandirs auch »wild« zu erleben, mit schwerem Gepäck auf dem Rücken und in Zelten. Doch der Traum der Abgeschiedenheit hat sich schon für so manchen Abenteuerlustigen zum Albtraum entwickelt, zu unvorhersehbar ist das Wetter, zu schnell überschätzen Ersttäter ihre Fähigkeiten. Jón Björnsson, der seit Jahren als Ranger im Park arbeitet und in Ísafjörður aufwuchs, hat hier schon einige Menschenleben gerettet und völlig verzweifelte Wanderer aufgefunden, die sich im Nebel verirrt, an steilen Berg-

hängen überschätzt oder schlicht die letzte Fähre der Saison verpasst hatten. Auch wenn Hornstrandir sich wachsender Beliebtheit erfreut, so ist man hier immer noch wirklich auf sich allein gestellt und kann sich nicht darauf verlassen, unterwegs Menschen zu treffen. Zu den Mindestvoraussetzungen zählt, dass man seine Reisepläne bei den Bootsunternehmen hinterlässt, Karten lesen kann und seine Wanderplanung dem Wetter anpasst. Auch ist es dringend zu empfehlen, Ruhetage einzuplanen. Blitzschnell kann hier so dichter Nebel aufziehen, dass man ohne eine genaue GPS-Route zum tagelangen Warten im Zelt verdammt ist. Schlechtes Wetter ist in Hornstrandir an der Tagesordnung, dessen muss jeder Besucher sich bewusst sein!

Ehrensache Naturschutz

Generell gelten auf Hornstrandir, wie eigentlich in allen Gegenden Islands, die ungeschriebenen Regeln des sanften Tourismus. Aller Müll sollte mitgenommen und möglichst keinerlei Spuren sollten hinterlassen werden, auch und besonders nicht auf den Zeltplätzen. An den Stränden dürfen Treibholzfeuer entzündet werden, solange keine Vegetation beschädigt wird. Zwei Ranger wandern durch den Park, suchen das Gespräch mit den Wanderern und achten darauf, dass die Umwelt pfleglich behandelt wird. Dies ist notwendig, weil die Besucherzahlen und damit auch die Belastung der sensiblen arktischen Natur ständig wachsen. Im Jahr 2010 besuchten knapp 8000 Menschen die Halbinsel. Aber auch, wenn man sich eine Bucht mit anderen Campern teilen muss, wähnt man sich oft noch gänzlich allein. Da es keine standardisierten Wege gibt, trifft man andere Wanderer meist nur einmal. Die vielen Fjorde und Pässe bieten genügend Möglichkeiten für individuelle Touren fast beliebiger Länge.

FASZINATION GEOLOGIE

Hornstrandir zählt geologisch zu den ältesten Teilen Islands. 12 bis 15 Millionen Jahre alt ist das Vulkangestein der Halbinsel, die damals im vulkanisch aktiven Zentrum Islands lag. Heute gibt es hier keinen Vulkanismus und auch keine Thermalquellen mehr, stattdessen prägten Gletscher das Land. Die Eispanzer der vergangenen Eiszeiten haben die heute bis zu 700 Meter hohen Berge abgeschliffen und die steilen Fjorde geformt, die allmählich vom Meer wieder abgetragen werden.

An einigen Stellen wurden die Überreste historischer Vegetation gefunden. So begrub vor etwa 14 Millionen Jahren schnell erstarrende Lava im heutigen Lónafjörður einen ganzen Wald. Die Baumstämme wurden zu Kohle, verwitterten im Lauf der Jahrtausende und hinterließen charakteristische Löcher im Gestein.

WEITERE INFORMATIONEN

zur Anreise nach Hornstrandir von Isafjörður: www.sjoferdir.is
von Norðurfjörður: www.freydis.is
von Bolungarvík: www.bjarnarnes.is
Geführte Wanderungen mit oder ohne Gepäcktransport werden angeboten von: www.fi.is und www.utivist.is

Wer Wasser liebt, der ist hier genau richtig: Dynjandisá ist überall faszinierend: vom großen Dynjandi, der die Besucher winzig erscheinen lässt (oben) bis zur Mündung in den malerischen Fjord Arnarfjörður (rechts).

37 Die Kaskaden der Dynjandisá

Sechs auf einen Streich

Umringt von hohen Plateaubergen rauscht im Arnarfjörður einer der schönsten Wasserfälle Islands. Der Dynjandi, bisweilen fälschlicherweise Fjallfoss genannt, ist der mächtigste Wasserfall der Westfjorde.

Allerdings ist der Dynjandi nur ein Glied einer faszinierenden Kette von Wasserfällen, die von den Seen der darüberliegenden Hochebene gespeist werden. Wo Gletscher in den vergangenen Eiszeiten das Talende stufenweise abgeschliffen haben, fällt heute der Fluss Dynjandisá über die ehemalige Steilklippe und bildet auf den letzten 200 Höhenmetern sechs Wasserfälle. Der oberste ist der größte und berühmteste: Der Dynjandi fächert sich in einer wunderschön anzusehenden Kaskade den Berg hinab. Nicht umsonst bedeutet »Dynjandi« auf Isländisch so viel wie »tosend« oder »donnernd«.

Wasserfallwanderung

Die danach folgenden großen Wasserfälle – Hundafoss, Strokkur, Göngumannafoss, Hrísvaðsfoss und Sjóarfoss – sind jeweils unterschiedlich. Auch die Bachlandschaft ist wunderschön. Es lohnt unbedingt, flussaufwärts auch über den letzten steilen Anstieg bis zum Fuß des Dynjandi zu wandern. Dort oben kann man unmittelbar am unteren Ende der dort 60 Meter breiten Kaskade den Blick zurück über den Fjord genießen. Etwa eineinhalb Stunden sollte man für Hin- und Rückweg veranschlagen.

WEITERE INFORMATIONEN:
www.vesturferdir.is (englisch)

38 Der See Hítarvatn

Im stillen Tal Hítardalur

Auf der Halbinsel Snæfellsnes liegt im Schutz hoher Berge der See Hítarvatn. Er ist nur über eine kleine Stichstraße zu erreichen, die durch das lange, von Lavafeldern geprägte Tal Hítardalur führt.

Abseits der großen touristischen Highlights ist es scheinbar nur ein stilles, grünes Tal, doch an seinem Ende liegt ein wunderschöner, lang gestreckter See, der auf jeden Fall einen Besuch lohnt. Um dorthin zu gelangen, folgt man der schlechten Piste durch raue Lavafelder und Krater unterhalb von bis zu 900 Meter hohen Gipfeln, die zum Vulkansystem der Ljósufjöll gehören. Im Lavafeld der Umgebung verstecken sich einige Höhlen, die bekanntesten heißen Fjárhellir und Sönghellir. Etwa fünf Kilometer vor dem See liegt die Farm Hítardalur, die auf eine lange Geschichte zurückblicken kann.

Drama vor rund 900 Jahren

Der Hof Hítardalur ist leider wegen eines großen Unglücks berühmt geworden. Hier kamen am 30. September 1148 bei einer Feuersbrunst mindestens 70 Menschen ums Leben, die vom Großbauer zu einem Fest geladen worden waren. Da sich unter den Toten auch der damalige Bischof von Skálholt befand, wurde an dieser Stelle ein Benediktinerkloster errichtet, das bis zum Beginn des 13. Jahrhunderts bestand. Die Namen des Tales und des Sees leiten sich von dem der Riesin Hít ab, die der Sage nach in einem Berg am Talausgang gelebt haben soll.

Der See Hítarvatn liegt inmitten einer grünen Hügellandschaft (links), moosgesäumte Bergspitzen ragen aus gekippten Lavaschichten (oben). Wollgras blüht entlang der Feuchtgebiete in Tälern und Senken (unten).

39 Látrabjarg und Rauðisandur

Die Westspitze Europas

Die südlichste Landzunge der Westfjorde bietet zahlreiche Attraktionen. Charakteristisch für die Region sind leuchtend rot-gelbe Sandstrände, von denen der malerische Rauðisandur der bekannteste ist. Die unumstrittenen Stars der Steilklippen von Látrabjarg sind die Papageitaucher. Sie brüten dort zu Tausenden und lassen neugierige Besucher nah an sich herankommen.

Zu den südlichen Westfjorden führt eine lange Anreise. Spätestens am Endpunkt der Autofähre von Stykkishólmur nach Brjánslækur beginnt das unausweichliche Umkurven der vielen tief eingeschnittenen Täler und Buchten. Vor dem kleinen Ort Patreksfjörður biegt die Stichstraße 612 nach Westen ab. Über mehrere Seitenpisten erschließt sie kleine, abgeschiedene Buchten. Eine davon kann über die Schotterstraße 614 erreicht werden. In abenteuerlich steilen Serpentinen windet sich der Pfad zur südlichen Küste hinab. Schon von oben sieht man die Landmarke, die dem Ort seinen Namen gab: Rauðisandur bedeutet übersetzt »Roter Strand«. Der für Island ungewöhnlich helle Sandstrand erstreckt sich über die ganze Länge der Bucht und wäre ideal zum Baden, wenn das Meer hier nur ein paar Grad wärmer wäre. Die meisten Besucher begnügen sich jedoch damit, am Meer entlangzuwandern und die besondere Atmosphäre der traumhaften Landschaft zu genießen. Ihre für die Vulkaninsel ungewöhnliche rot-gelbe Färbung verdanken die Strände des Westens übrigens vorgelagerten Muschelkolonien.

Am westlichsten Kap von Island

Nach mehreren Kilometern Fahrt erreicht man am Ende schließlich das Kap Bjargtangar, den westlichsten Punkt des isländischen Festlands. Von dort aus erstreckt sich der Küstenabschnitt Látrabjarg 14 Kilometer gen Osten. Ideale Nistbedingungen machen das Kliff zu einem der größten Vogelfelsen der Welt. Beim genauen Blick auf die bis zu 450 Meter hohe Steilküste erkennt man, dass sich die Felsen aus unzähligen Schichten zusammensetzen. Sie entstanden aus 13 bis 14 Millionen Jahre alten Lavaströmen und verbrannten Erdschichten, die sich im Lauf der Zeit aufeinander legten. Hier befinden sich die ältesten Gesteinsschichten Islands! Dieses Wechselspiel aus harten Laven und weicheren Zwischenschichten bieten den Seevögeln unzählige Lande- und Brutplätze, schützende Überhänge

Einsam und abseits der Zivilisation steht bei Rauðisandur eine kleine hübsche Kirche (oben). Entlang der gesamten Küste leben zahlreiche Vögel, darunter auch Trottellummen (unten). An den Steilklippen von Látrabjarg brüten Papageitaucher direkt am Abgrund (rechte Seite unten).

und weniger steile Geröllhänge. Zahlreiche Vogelarten brüten hier Seite an Seite, unter anderem lebt hier die größte Tordalkenkolonie der Welt. Auch Papageitaucher gibt es zu Tausenden, im Gegensatz zu den Populationen im Süden und Osten Islands ist deren Bestand hier weiterhin stabil. Die drolligen Vögel sind die Lieblinge der Besucher. Neugierig beobachten sie das Treiben der Menschen am grasbewachsenen Kliff, bevor sie ihre kleinen Stummelflügel ausbreiten und sich den ständig wehenden Winden anvertrauen.

Leben am Abgrund

Die reiche Vogelwelt an der Westküste Islands war schon früher das wichtigste Standbein der umliegenden Farmen. Mehrmals im Jahr seilten sich die Anwohner an den senkrecht ins Meer abfallenden Klippen ab, um Seevogeleier zu sammeln und Vögel zu fangen. Die äußerst gefährliche Unternehmung forderte immer wieder Todesopfer. Seit 1960 gehören die großen Eiersammelaktionen der Vergangenheit an. Heute haben nur noch die umliegenden Bauern das Recht, Vögel zu jagen und deren Eier zu sammeln. Von diesem Privileg wird aber nur noch sehr vereinzelt und in geringem Maß Gebrauch gemacht. Schlimme Unfälle ereignen sich aber immer noch. So fiel etwa im Juni 2010 ein deutscher Tourist die Klippe hinab und konnte 160 Meter tiefer nur noch tot geborgen werden. Im Bestreben, die Papageitaucher und die Küste möglichst gut zu sehen, wagen sich viele Besucher gefährlich nah an den Abgrund heran. Viele sind sich dabei nicht bewusst, dass die vermeintlich stabile Grasnarbe, auf der sie stehen, von den Nisthöhlen der Papageitaucher regelrecht durchlöchert ist und jederzeit ins Meer abbrechen kann. Wie bei allen anderen Vogelkolonien und Steilklippen ist daher besondere Vorsicht angeraten. Es ist lebensgefährlich, sich dem Abgrund zu sehr anzunähern.

FJORDLANDSCHAFT DÝRAFJÖRÐUR

Wer die Westfjorde umrundet, kurvt mehrere Hundert Kilometer auf schier endlosen Schotterstraßen von Fjord zu Fjord. Als landschaftlich besonders reizvoll gelten die benachbarten Fjorde Arnarfjörður und Dýrafjörður. Geht es nach dem Willen einiger ideenreicher Lokalpolitiker, so soll der Landflucht genau hier Einhalt geboten werden. Im Fjord Dýrafjörður bei Þingeyri ist der Bau einer Ölraffinerie in Planung, die Rohöl aus Russland reinigen und damit der Region 500 Arbeitsplätze verschaffen soll. Die Vorstellung, die Ölindustrie in eine der wildesten und am wenigsten verschmutzten Küstengegenden Europas zu holen, löste einen Aufschrei unter Umweltschützern und Tourismusverbänden aus. Letztlich waren es aber die extremen Kosten und die Finanzkrise, die dem Großprojekt vorerst ein Ende setzten. Es bleibt zu hoffen, dass die Befürworter des Vorhabens einsehen werden, dass sich auch mit Tourismus und umweltfreundlichen Investitionen Geld verdienen lässt.

WEITERE INFORMATIONEN

zu den Attraktionen und Dienstleistungen der Westfjorde:
www.westfjords.is
Linienbusverkehr während der Sommermonate: www.sterna.is

Orcas sind auch in den walreichen Gewässern von Snæfellsnes etwas ganz Besonderes (unten)! Vor der Kulisse des Kirkjufell rauscht der kleine Kirkjufellsfoss zu Tal (rechte Seite unten). In klaren Winternächten tanzen Nordlichter über der Stadt (oben) und zeichnen faszinierende Muster an den Sternenhimmel (rechte Seite oben).

40 Winternacht in Grundarfjörður

Der Pulsschlag des Himmels

Das kleine Fischerdorf Grundarfjörður liegt abseits der großen Städte und jenseits der Zeit. Kleine Häuser mit liebevoll gepflegten Vorgärten säumen den lebhaften Hafen im Norden von Snæfellsnes. Jeder der knapp 850 Einwohner kennt jeden, alles geht seinen Gang. Für die Menschen hier ist die Natur des Umlandes vollkommen selbstverständlich. Den Reisenden aber wird sie verzaubern.

Es ist eine klare Nacht Anfang März. Die Temperaturen liegen knapp unter dem Gefrierpunkt, die Berge sind bis zum Meeresspiegel hinab mit Schnee gepudert. Still ragen die fast 1000 Meter hohen Gipfel des Küstengebirges in den Himmel und fangen die eine oder andere Wolke ein. Die kleine Ortschaft Grundarfjörður liegt schlafend an der Küste in direkter Nachbarschaft zu ihrem Wahrzeichen, dem zu allen Seiten steilen Berg Kirkjufell. Seine besondere Form verdankt er den Eiszeitgletschern, zwischen denen er hervorragte und die ihn von allen Seiten abschliffen. Ganz in seiner Nähe erfüllt ein ständiges Rauschen die Luft. Der kleine Wasserfall Kirkjufellsfoss ist malerisch genau vor der Kulisse des Kirkjufell gelegen und ist daher ein beliebtes Fotomotiv.

Nacht am Meer

Haben sich die Augen einmal an die Dunkelheit gewöhnt, sieht man die Welt in erstaunlichen Schattierungen und Details. Die Sterne der Milchstraße funkeln wie Diamanten am Firmament, Fischkutter ziehen hell erleuchtet am Horizont vorbei und holen die Netze ein. Das Meer rund um Snæfellsnes ist reich an Fischen, die im kalten Wasser der Fjorde laichen oder Schutz suchen. Dementsprechend groß ist auch die hiesige Tierwelt. Seltene Vögel wie Seeadler werden in den umliegenden Fjorden oft bei Ebbe an den Küsten gesichtet. Und in den vergangenen Jahren sind auch Orcas oder Schwertwale den großen Heringsschwärmen bis tief in die Fjorde gefolgt und haben erstaunten Besuchern tagsüber die Walbeobachtung vom Ufer aus ermöglicht.

Die nördliche Morgenröte

In klaren Winternächten zeigt sich am isländischen Nachthimmel ein grandioses Phänomen. Grünliche, verschwommene Lichter tanzen vor den Sternen, spannen sich wie ein überdimensionaler Regenbogen von Ost nach West. Nordlichter, Polarlichter oder *Aurora borealis*, die »nördliche Morgenröte«, wird dieses

außergewöhnliche Naturphänomen genannt. Die Völker des Nordens sahen in ihnen das Wirken von Geistern und Göttern. Mittlerweile weiß man aber, dass die Leuchterscheinung vom Sonnenwind verursacht wird, also von elektronisch geladenen Partikeln, die sich ein bis vier Tage zuvor noch im Inneren der Sonne befanden. Treffen diese hochenergetischen Teilchen auf die Moleküle der Erdatmosphäre, dann werden diese zum Leuchten angeregt. Je nach Art und Lage der Moleküle entstehen unterschiedliche Farben. Aus dem Weltraum betrachtet tritt Aurora in einem ringförmigen Gürtel rund um die Pole auf, dem sogenannten Polarlichtoval. Dies ist dem Erdmagnetfeld zuzuschreiben, welches den Sonnenwind zu den geomagnetischen Polen hin ablenkt.

Nordlichter kann man kaum mit Worten beschreiben, man muss sie erleben. Nie sind sie gleich, niemals weiß man, was einen erwarten wird. Mal stehen sie still wie eine schwach beleuchtete Nebelwolke am Horizont, mal bleibt auch in Island der Nachthimmel einfach schwarz. An anderen Tagen aber weicht die Dunkelheit einem Feuerwerk aus Licht. Dann spannen sich mehrere Nordlichtbänder quer über das Firmament. Eines nimmt stetig an Helligkeit zu, flackert leuchtsterngrün und nimmt schließlich filigrane Konturen an. Wie Lichtsäulen im Nebel reihen sich klar abgegrenzte grüne Streifen aneinander und bewegen sich schubartig pulsierend über den Himmel fort. Gelb und Orange mischen sich in das pastellfarbene Grün, welches für nur wenige Augenblicke mit violetten Säumen geschmückt ist. Plötzlich ist der ganze Himmel in Bewegung und es springen Flammen aus durchsichtigen Farben über das Firmament, wie der Pulsschlag des Himmels unter den Sternen. Es ist ein atemberaubendes Erlebnis, das jeden prägt, der noch Wunder empfinden kann. Wer einmal Zeuge eines solch unglaublichen Nordlicht-Feuerwerks geworden ist, wird in jeder sternklaren Nacht sehnsüchtig daran zurückdenken.

NORDLICHTER SCHAUEN

Von Mai bis August wird der Himmel im hohen Norden nicht dunkel genug, um Nordlichter sehen zu können. Daher sind die Monate Oktober bis März am besten für Nordlichtreisen geeignet. Allerdings ist ein klarer Himmel die Hauptvoraussetzung für Sichtungen: Wenn es bewölkt ist, nützt einem auch die schönste Aurora herzlich wenig. Die größte Chance auf einen wolkenlosen Nachthimmel hat man daher, wenn man ein Gefährt besitzt und seine Reiseroute flexibel nach dem Wetter ausrichten kann. Von Reykjavík aus werden geführte »Nordlichtjagden« angeboten. Bei diesen Abendtouren bringen erfahrene Guides die Interessierten in wettermäßig begünstigte Gebiete. Sichtungen sind dennoch Glückssache: Polarlichter kommen und gehen, ohne sich anzukündigen und sind nicht genau vorhersagbar.

WEITERE INFORMATIONEN

zu Nordlichtausflügen:
www.re.is, www.icelandexcursions.is, www.icelandtotal.com

Informationen zu Grundarfjörður:
www.grundarfjordur.is

Hoch über den Wolken wabern grüne Nordlichter am Abendhimmel, der am Horizont noch von der Dämmerung erhellt wird. Auch ein pinkfarbener Lichtersaum spiegelt sich im Wasser des Fjordes, ebenso zwei weit entfernte Farmen.

Stykkishólmur lohnt einen ausgiebigen Bummel: Von den historischen Holzhäusern der Innenstadt (oben) spaziert man zum kleinen Hafen und zum Leuchtturm auf Súgandisey (rechte Seite unten). Etwas außerhalb kann man auf Bjarnarhöfn bei der Produktion von *hákarl* zuschauen (unten).

41 Die Schärenlandschaft des Breiðafjörður

Stykkishólmur und der Gammelhai

Die wichtigste Stadt auf der Halbinsel Snæfellsnes ist Stykkishólmur. Schon Mitte des 16. Jahrhunderts war die heute 1100 Einwohner zählende Ortschaft ein Handelsplatz der deutschen Hanse. Heute prägen Fischerei und Tourismus die Region. Typisch ist aber auch die Produktion der berühmten isländischen Delikatesse Gammelhai.

Es war der Hafen im Schutze der Insel Súganesey, die heute durch einen Damm mit der Stadt verbunden ist, der Stykkishólmur schon früh zu einem wichtigen Handelsplatz machte. Das älteste Gebäude der Stadt ist das »norwegische Haus« Norska Húsið. Es wurde aus Norwegen importiert und 1832 aufgebaut. Zusammen mit anderen liebevoll renovierten Häusern aus dem 19. Jahrhundert und einer alten Holzkirche von 1878 ziert es das hübsche historische Stadtzentrum.

Seit 1980 thront eine futuristisch anmutende Kirche über der Stadt. Sie wirkt wie eine Mischung aus Skischanze und Atomkraftwerk, unterstreicht aber auch Lebendigkeit und Offenheit der kleinen Küstenstadt.

Drei Wünsche

Vier Kilometer südlich von Stykkishólmur entdeckt man am Fuß des »Heiligen Berges« Helgafell eine kleine Kirche mit Friedhof und daneben einen Gedenkstein für Guðrún Ósvífursdóttir. Die 974 geborene Isländerin ist eine der Hauptpersonen der mittelalterlichen Laxdæla-Saga und wohl die berühmteste Frau der Isländersagas. Nach einem aufregenden Leben mit vier Ehen, vielen Intrigen und Morden wurde Guðrún im hohen Alter Islands erste Nonne. Sie baute eine Klosterkapelle auf dem Hügel Helgafell, die später zu einem großen Augustinerkloster erweitert wurde. Heute zeugen davon nur noch Ruinen.

Dem 73 Meter hohen Helgafell wurden bereits zu Siedlungszeiten magische Kräfte zugesprochen. Bis heute hat sich der Glaube gehalten, dass jedem, der zum ersten Mal den Hügel erklimmt, drei Wünsche erfüllt werden, so er sich an einfache Regeln halte. Die Besteigung des Hügels soll man vom Gedenkstein am Grab Guðrún Ósvífursdóttirs beginnen. Weder darf man sich auf der kurzen Wanderung umschauen oder gar zurückblicken, noch darf gesprochen werden. Hat man den Gipfel erreicht,

soll man die Klosterruine betreten und sich nach Osten wenden. Nun kann man im Stillen seine drei Wünsche aufsagen, die man aber erst anderen mitteilen darf, wenn sie sich erfüllt haben. Anschließend steht es einem offen, die wunderschöne Aussicht über das verwinkelte Stykkishólmur mit seinen Inseln und Schären zu genießen.

Heiß begehrter Gammelhai

Ein Schild in der Form eines Haifisches steht unweit von Stykkishólmur an der Straße, die durch das Lavafeld Berserkjahraun führt. Folgt man nun dem Schotterweg, so gelangt man zum Hof Bjarnarhöfn mit seiner kleinen, historischen Holzkirche, deren Altar aus dem 17. Jahrhundert stammt.
Die Geschichte des Hofes kann bis in die Zeit der Landnahme zurückverfolgt werden. Der jetzige Besitzer, Hildibrandur Bjarnason, hat hier ein Museum über den Grönlandhai (Eishai) aufgebaut. Zusammen mit seinen Söhnen verarbeitet er die Raubfische und hat dadurch internationale Bekanntheit erlangt. Grönlandhaie werden auf Island nicht mehr aktiv bejagt, sterben jedoch oft in den Netzen der Fischkutter. Die riesigen Knorpelfische besitzen keine Nieren, weshalb sich Harnstoff im Blut ansammelt und das Fleisch ungenießbar macht. In Grönland wird getrocknetes Eishaifleisch als Hundefutter benutzt, in Island jedoch gilt es fermentiert als Delikatesse und heißt *hákarl*. Die Zubereitung ist allerdings nichts für schwache Nerven. Man lässt die Fischleichen sechs Wochen bis drei Monate lang im Boden eingegraben vergammeln, damit der Harnstoff zu Ammoniak abgebaut werden kann. Wenn die Haifischschinken danach einige Wochen an der frischen Seeluft gehangen haben, sind sie genießbar. Das zumindest behauptet Hildibrandur, der das gräuliche Fleisch zusammen mit einem Schluck »Brennivín«, dem isländischen Branntwein, genießt. Die meisten Nichtisländer wird das stinkende, gräuliche Fleisch eher zum Weglaufen animieren. Tatsächlich schmeckt es nämlich in etwa so streng, wie man es sich vorstellt.

BOOTSFAHRT NACH FLATEY

Von Stykkishólmur aus fährt die Auto- und Personenfähre »Baldur« nach Brjánslækur in den Westfjorden. Der Fjord Breiðafjörður ist mit unzähligen Inseln übersät, auf denen viele Vogelarten leben. Wer nicht in die Westfjorde fahren möchte, kann einen Tagesausflug auf die Insel Flatey unternehmen und ein paar Stunden später mit der Fähre wieder nach Stykkishólmur zurückkehren. Auf Flatey, der größten Insel im Breiðafjörður, wohnten im 19. Jahrhundert 400 Menschen. Die alten Häuser sind heute ein Musterbeispiel eines isländischen Dorfes aus dem 19. Jahrhundert und werden von den Nachkommen der Siedler als Sommerhäuser genutzt. Mehrere markierte Wanderwege laden zum Erkunden der zwei Kilometer langen Insel mit der vielfältigen Tierwelt ein. Während der Brutzeit sind einige Vogelkolonien jedoch abgesperrt und die Besucher werden gebeten, dies zu respektieren.

WEITERE INFORMATIONEN

zur Fähre »Daldur«:
www.seatours.is
Gammelhai in Bjarnarhöfn:
www.bjarnarhofn.is
Die Homepage der Stadt Stykkishólmur: www.stykkisholmur.is

42 Im Süden von Snæfellsnes

Die Fischerdörfer unter dem Gletscher

Wenn man den Snæfellsjökull mit dem Auto bei gutem Wetter umrundet, gibt es so viel zu sehen, dass man alle zehn Minuten anhalten möchte. Arnarstapi ist definitiv eine der Hauptattraktionen der Halbinsel. Eine einstündige Wanderung entlang der Küste nach Hellnar führt vorbei an einer wilden, schroff abfallenden Lavaküste, die vom Meer unterhöhlt wurde.

Unterhalb des pyramidenförmigen, 526 Meter hohen Berges Stapafell liegt das kleine Fischerdorf Arnarstapi. In früheren Jahrhunderten war die Gemeinde ein wichtiges Handelszentrum, weil die hiesige Küste zahlreiche geschützte Landeplätze bietet. Der natürliche Hafen diente in den 1930er- bis 1960er-Jahren als Exporthafen für Bimsstein, der zum Umschlagplatz nach Reykjavík geliefert wurde. Das poröse Vulkangestein aus den Flanken des Snæfellsjökull wurde unter anderem im Gartenbau und als Schleifmittel verwendet.
Heute leben nur noch wenige Familien ganzjährig in Arnarstapi, die Häuser werden jedoch alle als Sommerresidenzen genutzt. Daher gibt es hier auch Unterkünfte für Touristen sowie den einzigen Campingplatz der Umgebung. Auf einen lohnenden Rundgang durch den kleinen Ort stößt man auf einige der ältesten noch erhaltenen Gebäude Islands, zum Beispiel auf das schwarz-weiße Amtmannshús. Das Holzgebäude wurde zwischen 1774 und 1787 erbaut.

Kleinod am Gletscher

In Arnarstapi gibt es viel zu entdecken. Die riesige Steinfigur oberhalb der Siedlung stellt Bárður Snæfellsás dar, den Beschützer der Halbinsel. Der Sage zufolge soll der Sohn eines Riesen-Trolls und einer Menschenfrau einen Hof in der Nähe von Laugarbrekka errichtet und dort mit seinen beiden hübschen Töchtern gelebt haben. Als einer seiner Neffen seine älteste Tochter Helga auf einen Eisberg stieß, der bis nach Grönland trieb, warf Bárður den Jungen in eine Schlucht, die heute noch nach ihm heißt: Rauðfeldargjá. Bárður selbst zog sich daraufhin in eine Höhle im Snæfellsjökull zurück und ward nie mehr gesehen.
Die Küste ist ein Paradies für Naturliebhaber. Küstenseeschwalben nisten in den Wiesen und greifen während der Brutsaison jeden an, der ihren Küken zu nahe kommt. In den zerklüfteten Klippen brüten unzählige Seevögel, deren ununterbrochenes Konzert von den Felsen widerhallt. Das Meer hat die

Die Rezeption des Campingplatzes auf Arnarstapi befindet sich in einem Torfhaus (oben). Die Basaltsäulen und abenteuerlich geformten Klippen der Küste (rechte Seite unten) bieten Vögeln wie diesen jungen Dreizehenmöven hervorragende Rastplätze (unten).

schroffe Steilküste unterhöhlt und dabei abenteuerliche Formationen geschaffen. Der Gatklettur oder »Lochfelsen« etwa ist ein perfekter Steinbogen aus Basaltsäulen, die die Brandung noch nicht abtragen konnte. Die erodierte schwarze Steilküste mit Höhlen und Felsentoren erkundet man am besten auf der zweieinhalb Kilometer langen markierten Wanderung nach Hellnar.

Traumtänzer in Hellnar

Der Name Hellnar nimmt Bezug auf die Höhlen, die in den umliegenden Lavafeldern zu finden sind. Auch diese Ortschaft war einmal ein großer Fischereistützpunkt. Heute findet man hier einige landwirtschaftliche Höfe und Sommerhäuser, ein Hotel mit Restaurant sowie das Informationszentrum des Nationalparks Snæfellsjökull. Dort erhält man Auskunft über verschiedene Wandermöglichkeiten, und eine kleine Ausstellung zeigt das Leben der Fischer.

Kurz nach der Jahrtausendwende kamen ein Isländer und ein Norweger auf die leicht größenwahnsinnige Idee, genau hier ein Dorf für tausend Menschen zu errichten. Wie die alte Siedlung sollte es Plássið undir Jökli, »Platz unterm Gletscher«, heißen. Auf 30 Hektar plante man 200 Häuser sowie Läden, eine Kunstgalerie und Hotels. Die Gebäude wollte man aus Norwegen importieren und sollten im Stil der sogenannten Kataloghäuser gehalten sein, die im 19. Jahrhundert in Island errichtet wurden. Die Arbeiten begannen 2005, und schon bald waren zwölf Häuser hochgezogen und der Grund für 17 weitere geschaffen. Mit der Bankenkrise gingen die Bauherren jedoch bankrott, seitdem gehört die Idee des »historischen« Dorfes vorerst der Vergangenheit an. Derzeit zeugen zwölf schwarze Holzhäuser inmitten einer Bauruine von dieser typisch isländischen, vorkrisenzeitlich hochstrebenden Vision.

»BLUMENLAVA« IN BÚÐIR

Einige Kilometer östlich von Arnarstapi liegt Búðir und in einem Naturschutzgebiet steht ein Hotel gleichen Namens. Es bietet nicht nur eine exzellente, innovative Küche, sondern auch Gästezimmer mit herrlichem Blick auf die wunderschöne Berg- und Küstenlandschaft. Unmittelbar hinter dem Hotel erstreckt sich ein für Island ungewöhnlicher, orangefarbener Muschelsandstrand. Die bekannteste Sehenswürdigkeit ist jedoch die kleine schwarze Holzkirche aus dem Jahr 1848. Sie steht im scheinbaren Niemandsland in einem Lavafeld, das vom Meerwasser unterspült und befeuchtet wird. Dadurch bildeten sich an vielen Stellen eigenartige, tassenförmige Höhlen in der Lava, in denen über 130 verschiedene Pflanzenarten wachsen. Unter anderem gedeihen hier elf der 16 Farnarten Islands. Diese »Blumenlava« ist wirklich einzigartig!

WEITERE INFORMATIONEN

zu den Wanderungen in Südsnæfellsnes:
english.ust.is/Snaefellsjokullnationalpark

Das Hotel Búðir: www.hotelbudir.is

Snæfellsnes wird gerne auch »Klein Island« genannt, gibt es hier doch (fast) alle Dinge im Kleinformat zu sehen, die Island ausmachen: kleine Kirchen vor schneeweißen Gletschern (oben), schroffe Lavaskulpturen bei Malarrif (unten) und mitternächtliche Farbenspiele an den Sandstränden bei Búðir (rechte Seite unten).

43 Im Nationalpark Snæfellsjökull

Die magische Halbinsel

Am westlichen Ende der Halbinsel Snæfellsnes liegt der Snæfellsjökull. Der »Schneeberggletscher« ist ein 1446 Meter hoher vergletscherter Stratovulkan. Erst im Jahr 2001 wurden er und das umliegende Land unter Schutz gestellt. Der 170 Quadratkilometer große Snæfellsjökull-Nationalpark beeindruckt seine Besucher mit abwechslungsreichen Landschaftsformen.

Die markante Kuppe des schneebedeckten Snæfellsjökull markiert den höchsten Punkt eines langen Gebirgszuges, der sich über ganz Snæfellsnes erstreckt. Bei gutem Wetter kann man den Berg schon von Reykjavík aus sehen. Vielleicht gelangte der majestätische Gletschervulkan auch deshalb zu internationaler Berühmtheit. Jules Verne wählte ihn 1864 als Schauplatz seiner Reise zum Mittelpunkt der Erde. Immer wieder wird der gewaltige Berg mit Magie, Elfen und anderen unsichtbaren Wesen in Verbindung gebracht. Manch feinfühlige Menschen spüren gar, dass starke Energie von ihm ausgeht, und sie sind davon überzeugt, dass er zu den sieben stärksten Energiezentren der Welt gehört.

Die Elfenbeauftragte

Erla Stefansdóttir ist eine Klavierlehrerin, die sich selbst als Medium bezeichnet. Sie beschreibt den Einfluss des Snæfellsjökull wie folgt: »Snæfellsjökull ist in starkes Licht getaucht, das man von Reykjavík aus 120 bis 140 Kilometer Entfernung sehen kann. [...] Wenn wir Kontakt mit dem Licht hergestellt haben, empfinden wir [...] tiefes Wunder und eine starke Bindung zu unserem Land.« Die in deutschen Medien als »Elfenbeauftragte« bekannt gewordene Isländerin behauptet, unter anderem Elfen und Geister sehen zu können. Viele Isländer streiten die Existenz der unsichtbaren Wesen des *huldufólk* (»verborgenen Volk«) zwar nicht ab, allerdings wird der Glaube an Elfen für den Tourismus gerne höher gehandelt, als er in der modernen isländischen Gesellschaft tatsächlich noch vertreten ist. Erla wurde sogar vom isländischen Bauamt mehrmals beauftragt, in Reykjavík Orte aufzuspüren, an denen Elfen und Zwerge leben, um Kulturgüter vor der Zerstörung durch Bauarbeiten zu schützen. Und als Kulturgut zählen in Island eben auch Geländeformationen wie große Steine oder Felsen, die von der lokalen Bevölkerung als »von Elfen bewohnt« angesehen werden.

Nationalpark Snæfellsjökull

Zurück auf Snæfellsnes bezaubert der Snæfellsjökull auch ganz ohne esoterische Hintergedanken. Der nur noch elf Quadratkilometer große Gletscher bedeckt den 800 000 Jahre alten Vulkan, der das letzte Mal vor 1800 Jahren aktiv war. Unzählige Lavaströme verzieren seine Flanken und füllen die Ebene im Nordosten auf. Bildlich kann man sich hier vorstellen, wie das glühende Gestein den Berg hinunterfloss. In Hellnar geben im Informationszentrum Ranger gerne und ausgiebig Auskunft über den Nationalpark, seine Gegebenheiten und Regeln sowie über Wanderwege auf dem Gletscher, der im Sommer von Spalten überzogen ist. Das Eisfeld erreicht man auf steilen Schotterpisten mit dem Geländewagen. Leider schmilzt der Snæfellsjökull aufgrund seiner geringen Größe und niedrigen Lage doppelt so schnell wie die großen Eismassen des Landes. Die im Durchschnitt nur noch knapp 30 Meter dicke Eiskappe wird pro Jahr um eineinhalb Meter dünner. Hält dieses Tempo an, wird der Snæfellsjökull wohl in rund 20 Jahren vermutlich ganz verschwunden sein.

Noch aber ist die obere Hälfte des majestätischen Vulkans auch im Sommer von Schnee bedeckt. Besonders gut lässt er sich von der nordwestlichen Parkseite betrachten, äußerst fotogen ist zum Beispiel die kleine Kirche zwischen den Ortschaften Hellissandur und Rif vor der Kulisse des Gletschers platziert.

Im Südwesten führt die Piste 572 hinunter zu einer reizvollen Lavaküste. Nach einer kurzen Wanderung durch ein schroffes Lavafeld mit abstrakten Formationen gelangt man zur eigentlichen Attraktion der Gegend, zum Djúpalónssandur. Am schwarzen Strand dieser Bucht liegen ein Schiffswrack und vier unterschiedlich große Steine, an denen die Fischer der Umgebung noch im 19. Jahrhundert in Wettkämpfen ihre Kräfte maßen.

Einige Kilometer weiter südlich zweigt eine kurze Straße zum Leuchtturm in Malarrif am südlichsten Punkt von Snæfellsness ab. Östlich davon stehen die 60 und 75 Meter hohen Lóndrangar. Diese sind Überreste eines Vulkanschlots und ragen vor der Kulisse des Gletschers wie eine fantastische dunkle Burg aus dem Meer auf.

WASSERFALL BJARNARFOSS

Außerhalb des Nationalparks rauscht nördlich von Búðir ein kleiner Wasserfall über eine hohe Steilklippe. Er ist leicht zu finden, liegt er doch unmittelbar an der Straße, die Snæfellsnes umrundet. Gemessen an den vielen anderen Wasserfällen der Insel ist er keine Besonderheit, in Westsnæfellsnes jedoch ist er der größte und fotogenste seiner Art. In mehreren Stufen fällt der schmale Wasservorhang über eine Felswand aus Basaltsäulen und in einen kleinen, von Stromschnellen geprägten Bach, der bis zum Meer fließt.

WEITERE INFORMATIONEN

zum Nationalpark findet man auf der Homepage der isländischen Umweltbehörde: english.ust.is/Snaefellsjokullnationalpark/
Allgemeine Informationen zu den Attraktionen und Dienstleistungen auf Snæfellsnes: www.snaefellsnes.com

Wie Snorri wohl tatsächlich ausgesehen hat? Im Sagamuseum in Reykjavík wird er als rothaarig und vornehm gekleidet dargestellt (oben). Die Kirchen von Reykholt (rechte Seite unten) liegen auf dem Weg nach Húsafell, wo sich die Hraunfossar in den Fluss Hvítá ergießen (unten).

44 Húsafell im Birkenwald

Im Tal der Naturwunder

Abseits der Ringstraße verstecken sich im grünen Hügelland des inneren Borgarfjörður zahlreiche Sehenswürdigkeiten. Wasserfälle, Höhlen und heiße Quellen liegen nur wenige Kilometer voneinander entfernt. In Reykholt erfährt man dagegen viel über Snorri Sturluson. Der berühmteste Sohn des kleinen Ortes war im Mittelalter einer der mächtigsten Männer des Landes.

Für historisch Interessierte hat der kleine Ort Reykholt einiges zu bieten. Hinter der modernen Kirche steht die Ruine eines Hofes, in dem im Mittelalter einer der größten Dichter und einflussreichsten Politiker Islands lebte. Snorri Sturluson verbrachte einen Großteil seines Lebens in Reykholt und schrieb hier im beginnenden 13. Jahrhundert seine bedeutendsten Werke. Die Ausstellung Snorrastofa im Untergeschoss der großen Kirche informiert Besucher über Snorri, sein Leben und seine Werke.
Reykholt bedeutet »rauchender Hügel«, was die größte landschaftliche Besonderheit der Gegend treffend beschreibt. Das weite Tal ist ein sogenanntes Niedrigtemperaturgebiet mit ergiebigen Heißwasserquellen, die schon von den Menschen zu Snorris Zeit genutzt wurden.
Davon zeugt ein kleiner, kreisrunder Badeplatz vor der Ruine des alten Hofes in Reykholt. Bei Ausgrabungen in der Umgebung fand man außerdem die Reste von Wasserleitungen, die vermutlich zu mittelalterlichen Fußbodenheizungen gehörten. Das Wissen darum ging viele Hundert Jahre verloren, bis 1908 erstmals wieder ein Bauernhof thermal beheizt wurde. Kurze Zeit später wurden hier die ersten isländischen Tomaten geerntet und das erste Gewächshaus des Landes errichtet.
In direkter Nachbarschaft zur Gewächshaussiedlung Kleppjárnsreykir tritt die wasserreichste thermale Quelle Europas zutage, die Deildartunguhver. Aus ihr strömen pro Sekunde 180 Liter kochendes Wasser, die über silberfarbene Röhren bis in die 63 Kilometer entfernte Küstenstadt Akranes befördert werden. In der Nähe der Pumpstation liegt ein unerschlossener Teil der Quelle, der in einem kleinen Rundgang betrachtet werden kann.

Húsafell am Langjökull

Das bewaldete Tal Húsafell zählt zu den beliebtesten Sehenswürdigkeiten Westislands. Isländer reisen an Sommerwochenenden in Scharen auf den Cam-

pingplatz mit angegliedertem Schwimmbad, der vor fantastischer Kulisse in einem Birkenwald liegt. Hier erstreckt sich auch das große Lavafeld Hallmundarhraun, in das der Gletscher- und Quellfluss Hvitá eine kleine Schlucht gegraben hat. In diese rauschen, scheinbar aus dem Nichts, die »Lava-Wasserfälle« Hraunfossar. Ein unterirdischer Grundwasserfluss speist die Kaskaden, die sich aus der bewaldeten Lava in den je nach Wassermenge blauen bis türkisfarbenen Fluss ergießen. Ein kurzer Spaziergang führt flussaufwärts zum donnernden »Kinderwasserfall« Barnafoss. Der Sage nach kamen hier zwei Kinder ums Leben, als sie ihrer Mutter verbotenerweise zum Weihnachtsgottesdienst folgten. Der Wasserfall wurde damals von einem natürlichen Steinbogen überspannt, von dem die Kinder in den tosenden Fluss fielen. Die Mutter der beiden ließ die Naturbrücke daraufhin einreißen, damit sich eine solche Tragödie nicht mehr ereignen konnte.

Lavahöhle Surtshellir

In dem ausgedehnten Lavafeld Hallmundarhraun befinden sich sehr viele große Höhlen. Die bekannteste von ihnen ist Surtshellir, ein zwei Kilometer langer und bis zu neun Meter hoher Tunnel, der an mehreren Stellen eingebrochen und begehbar ist. Im 20. Jahrhundert wurden die Höhlen zu beliebten Ausflugszielen und litten unter Besuchern, die Tropfsteine von den Wänden abbrachen und ihren Müll zurückließen. Einige Höhlen wurden deshalb verschlossen und sind heute nur geführt zu besichtigen. Surtshellir steht jedoch den Besuchern offen. 14 Kilometer nordöstlich von Húsafell leiten Hinweisschilder zu den Höhlenöffnungen. Besucher sollten darauf achten, Steine, insbesondere Lavasteine, an Ort und Stelle zu lassen. Würde jeder einen Teil der beliebtesten Sehenswürdigkeiten des Landes als Andenken mit nach Hause nehmen, so wären gewisse Gegenden bald abgetragen!

LANGJÖKULL

Langjökull ist der zweitgrößte Gletscher Islands und trennt den bewohnten Westen vom unwirtlichen Hochland. Die bis zu 580 Meter dicke Eiskappe bedeckt zwei Vulkansysteme, die aber relativ ruhig sind: seit der letzten Eiszeit kam es hier nur zu 32 Ausbrüchen, von denen der jüngste vor 1000 Jahren das Lavafeld Hallmundarhraun schuf. Im Winter ist der lang gezogene Gletscher aufgrund seiner Nähe zur Hauptstadt ein beliebtes Ausflugsziel für Superjeepfahrer, im Sommer werden hier Schneemobil- und Hundeschlittenfahrten angeboten.

WEITERE INFORMATIONEN

zu Reykholt und der Ausstellung Snorrastofa: www.snorrastofa.is
Der Campingplatz und die Dienstleistungen und Aktivitäten von Húsafell: www.husafell.is
Geführte Touren in die Höhle Víðgelmir: www.fljotstunga.is
Aktivitäten auf dem Langjökull: www.activity.is und www.dogsledding.is

Berge in allen Varianten bietet das Hochland: so der grüne Mælifell in der Sanderebene nördlich des Mýrdalsjökull (rechts), farbige Hügel bei Landmannalaugar (Mitte) und der berühmte Eyjafjallajökull (oben), der sich vor der Küste erhebt. Auch die Seenkette von Langisjór ist von grünen Hügeln umringt (unten).

Im Hochland

45 Auf dem Hochland – Hveravellir

Der Solfatar Öskurhóll (rechte Seite oben) und die heiße Quelle Bláhver (rechte Seite unten) liegen unmittelbar in Hveravellir. Südwestlich davon befindet sich im grünen Tal Þjófadalir eine kleine Wanderhütte (oben). In den Geothermalgebieten bei Kerlingarfjöll kann man erstaunliche Steinmosaike entdecken (unten).

Die Legende von Fjalla-Eyvindur

Hveravellir ist ein Hochtemperaturgebiet im kargen Hochland. Ein kleiner, heißer Pool in direkter Nähe zur Wanderhütte lädt hier zum Baden ein. Das blaue Wasser der runden Quelle Bláhver leuchtet zwischen weißen Sinterterrassen unmittelbar neben der lautstarken Solfatare Öskurhóll (»Brüllender Hügel«). Im benachbarten Lavafeld befinden sich Zeugnisse einer bemerkenswerten Überlebensgeschichte.

Im Jahr 1714 wurde in der Nähe des Gullfoss ein Junge geboren, der zu einer isländischen Legende heranwachsen sollte. Eyvindur Jónsson, heute als Fjalla-Eyvindur (»Berg-Eyvindur«) bekannt, lebte genau in den Jahren, als die sogenannte kleine Eiszeit ihren Höhepunkt erreichte. Die Sommer waren kaum mehr als milde Winter, das Vieh verhungerte, die Menschen erfroren. Im harten Überlebenskampf waren viele Isländer gezwungen, Nahrung zu stehlen. Von der Gemeinschaft wurde dies gnadenlos verfolgt und hart bestraft.

Fjalla-Eyvindur und Halla

Eyvindur arbeitete als junger Erwachsener als Knecht auf einem Bauernhof in seiner Heimatregion. 1746 wurde er vom Alþingi als Gesetzesbrecher gesucht. Er hatte seine Arbeit Hals über Kopf verlassen und soll angeblich gestohlen haben. Mit seinen Pferden floh er in die 250 Kilometer entfernten Westfjorde. Dort tauchte er viele Jahre bei der jungen Witwe Halla unter, die als charakterstarke, aufständische Außenseiterin beschrieben wird. Eyvindur dagegen hatte viele Freunde. Der hochgewachsene blonde Isländer war ein tüchtiger und geschickter Handwerker, höflich, freundlich, äußerst sportlich und stark. Jahrelang lebte er mit Halla auf ihrem Hof und führte dort ein unauffälliges einfaches Leben. Ob er wieder etwas stahl oder ob ihn der Ruf seiner Vergangenheit einholte, weiß man heute nicht. Auf jeden Fall musste er 1761 erneut fliehen, um seiner Gefangennahme zu entgehen. Halla ließ ihre Kinder bei Bekannten zurück und folgte ihm. Die folgenden 20 Jahre lebten die beiden zusammen im isländischen Hochland. Kein anderer hielt es so lange in der Einöde aus wie Eyvindur und seine treue Halla. Zusammen hatten sie mehrere Kinder, von denen die meisten jung starben. Eine Tochter namens Guðrún überlebte zwölf Jahre lang bei ihren Eltern im Hochland, bevor sie von einer reichen Familie in den Westfjorden aufgenommen wurde.

Dampf entsteigt den Quellen bei Hveravellir (rechte Seite unten). Sandige Ebenen sind typisch für die trockene Gegend (oben), die durch Offroadfahrten gefährdet wird (unten). An Eyvindur erinnern nur noch eine Höhle (Mitte) und ein Denkmal (rechts oben). Unerwartet grün ist das Tal mit den Hütten von Kerlingarfjöll (rechte Seite oben).

Rückzug nach Hveravellir

Zweimal lebten Halla und Eyvindur in Hveravellir. Erst kamen sie in einer Höhle unter, dann in einem winzigen Torfhaus, dessen Ruine noch heute existiert. Mitten im Zentrum des Hochlandes, genau zwischen den Gletschern Langjökull und Hofsjökull, lag auch damals schon das Hochtemperaturgebiet mit den heißen Quellen. Eine davon wurde nach Eyvindur benannt, weil er darin angeblich seine Nahrung kochte.

Eyvindur ernährte sich und seine Familie von erjagten Schneehühnern und Viehdiebstahl. 80 freilaufende Schafe soll er während seiner Zeit in Hveravellir gegessen haben, wobei er der Überlieferung zufolge nur Schafe von Menschen raubte, die ihm schlecht gesonnen waren. Er bestahl auch Reisende, die etwa Trockenfisch transportierten, verletzte aber auf seinen Raubzügen wohl niemals Menschen.

Hochlandpassage Kjalvegur

Hveravellir liegt am Kjalvegur oder Kjölur, einer Hochlandpassage, die schon immer die kürzeste Verbindung zwischen Nord- und Südisland darstellte. Heute existiert hier eine Piste gleichen Namens, und man kann eine mehrtägige Wanderung von Gullfoss nach Hveravellir unternehmen.

Zu Eyvindurs Zeiten war die Strecke ein oft genutzter, aber gefürchteter Reitweg. Die Reisenden hatten große Angst vor Elfen, Geistern und anderen übelwollenden Wesen sowie vor Überfällen der teilweise gewalttätigen Gesetzlosen. Als bekannt wurde, dass sich Eyvindur in Hveravellir versteckte, zogen die Menschen los, um ihn gefangen zu nehmen. Eyvindur und sein ebenfalls geächteter Freund Arnes entkamen, Halla wurde jedoch ergriffen und Eyvindurs weniges Hab und Gut zerstört.

Eyvindurs Lebensgeschichte ist spannend genug, um ein ganzes Buch zu füllen. Mehrmals befreite er Halla und auch sich aus Gefangenschaften. Er verbrachte gezwungenermaßen lange Jahre gänzlich alleine und überlebte auch dank ihm wohlgesonnener Menschen.

Im ganzen Hochland zeugen Ortsnamen von der Anwesenheit des Geächteten. Unter anderem überwinterte er bei Arnafell unterhalb des Hofsjökull, auf der Sprengisandur und bei Herðubreiðarlindir. Nach 20 Jahren und den schwersten Wintern der Islandgeschichte wurde Eyvindur begnadigt. Zusammen mit seiner Frau Halla konnte er schließlich in den Westfjorden alt werden, 1783 starb er im Alter von 69 Jahren.

Eyvindur wurde aufgrund seiner unglaublichen Lebensgeschichte zur

Legende und zum heldenhaften Inbegriff des starken, anpassungsfähigen Wikingers. Schon zu seinen Lebzeiten zollte man ihm Respekt für seine Überlebenskünste. Wenn man heute in Hveravellir vor dem Denkmal für Eyvindur und Halla steht. kann man sich nur wundern, wie die beiden vor zweieinhalb Jahrhunderten die Winter im Hochland überstanden.

Skifahren am Kerlingarfjöll

Unweit des Hochtemperaturgebietes Hveravellir liegt der kleine Gebirgszug Kerlingarfjöll. Dessen höchster Gipfel ist der 1477 Meter hohe Snækollur, ein von mehreren winzigen Gletschern umrundeter Vulkan. Die Gegend war bis Ende der 1980er-Jahre ein Sommerskigebiet, das allerdings aufgrund der Klimaveränderung aufgegeben wurde. Heute zieht es skibegeisterte Isländer nur noch nach schneereichen Wintern hierher. Reisende reagieren darauf häufig verblüfft, denn mit Ski und Snowboards beladene Superjeeps erwartet man schließlich kaum im sommerlichen isländischen Hochland.

Eine schöne Tageswanderung führt von den in einem grünen Tal gelegenen Hütten bei Kerlingarfjöll ins Hochtemperaturgebiet Hveradalir. Die nackten Hänge der Rhyolitberge leuchten bei Sonnenschein in knalligen Rot- und Gelbtönen. Heiße Quellen, Schlammtöpfe und bunte Bäche liegen neben Altschneegebieten und unter den schroff aufragenden Gipfeln der Kerlingarfjöll. Die Gegend kann man nur zu Fuß auf einer Vielzahl kurzer bis mehrtägiger mehr oder weniger gut markierter Wanderwege erkunden.

WANDERN AUF DER KJÖLUR

Der »Alte Kjalvegur« ist eine Dreitageswanderung von Hvítárnes nach Hveravellir, deren 12 bis 14 Kilometer lange Tagesetappen kaum Höhenunterschiede aufweisen. Karg ist die Landschaft zwischen Gletschern und trockenen Hochlandebenen, und dennoch viel abwechslungsreicher, als man es auf den ersten Blick erscheinen mag. Der Wanderweg ist jederzeit klar zu erkennen, zum Übernachten stehen kleine, unbewirtschaftete Hütten zur Verfügung oder man schläft in Zelten in der Nähe der Toiletten. Zu jeder Zeit kann man querfeldein zur Straße laufen und dort einen der täglich in beide Richtungen fahrenden Busse abfangen. Wer die Hütten des isländischen Wandervereins FÍ nutzen möchte, muss unbedingt frühzeitig buchen, da sich die Wanderung zunehmender Beliebtheit erfreut.

WEITERE INFORMATIONEN

zu Wanderweg und Hüttenreservierungen: www.fi.is
Hveravellir Hütte und Informationen: www.hveravellir.is
Kerlingarfjöll Wanderrouten und Hüttenübernachtung: www.kerlingarfjoll.is
Busfahrten aus Reykjavík oder Akureyri: www.sba.is

46 Die Laki-Krater

Wenn die Erde sich auftut

Die Grabenbruchzone der Kontinentalplatten verläuft einmal quer durch Island und dabei genau durch das Gebiet zwischen dem Gletscher Mýrdalsjökull an der Südküste und dem großen Vatnajökull. Dort erstreckt sich ein riesiges Lavafeld südlich des Flusses Skaftá bis hinunter zur Küste, wo sich in den Jahren 1783 bis 1784 die schlimmste Naturkatastrophe ereignete, an die sich die Isländer erinnern.

Vom Flugzeug aus betrachtet sehen die Laki-Krater wie ein abstraktes Kunstwerk aus (rechte Seite). Auch der See Langisjór wirkt beinahe surreal (oben). Manch isländischer Besitzer eines Superjeeps legt an der Ringstraße einen kurzen Stopp ein, um den Reifendruck wieder zu erhöhen (unten).

Im 18. Jahrhundert lebten die Isländer fast ausschließlich von der Landwirtschaft, insbesondere von der Schafzucht. Die oft bitterarmen Bauern, die von der herrschenden dänischen Oberschicht in ihrer Not völlig allein gelassen wurden, mussten um ihr Überleben kämpfen und waren unmittelbar abhängig vom Wetter und den zahlreichen Vulkanausbrüchen. Südisland blickte auf zwei Jahrzehnte stabilen Wetters und erntereicher Sommer zurück, als sich mit dem Ausbruch der Laki-Krater plötzlich ohne Vorwarnung alles änderte. Diese Katastrophe brannte sich tief in Islands kollektives Gedächtnis ein.

Skaftáreldar – die »Feuer der Skaftá«

Am 8. Juni 1783 bebte die Erde zwischen Mýrdalsjökull und Vatnajökull lange und mehrfach. Kurz darauf sahen die Menschen der Umgebung eine schwarze Wolke hinter den Bergen des Hochlandes aufsteigen, die schnell näher kam und das Sonnenlicht verdunkelte. Bereits am ersten Tag hatte sich im Gebiet der heutigen Lakagígar eine kilometerlange Vulkanspalte aufgetan, aus der gewaltige Mengen an Magma und Asche geworfen wurden. Ungeheure Massen Lava flossen in den 140 Meter breiten Fluss Skaftá, durch den normalerweise bis zu 100 Kubikmeter Wasser pro Sekunde strömen. Am vierten Tag des Ausbruchs trocknete er jedoch völlig aus. Die Lava hatte das Wasser verdunsten lassen und strömte an dessen Stelle in etwa gleicher Menge das Flussbett hinab. 45 Tage lang hielt der enorme Lavastrom an und bahnte sich seinen Weg durch das Flachland des Südens bis hinunter zum Meer. 580 Quadratkilometer Land wurden während der sogenannten Skaftá-Feuer unter flüssigem Gestein begraben, auch 17 Bauernhöfe.

Weltweite Auswirkungen

Der erstarrte Lavastrom, der sich 88 Kilometer gen Süden erstreckt, ist heute die deutlichste Auswirkung der Skaftá-Feuer. Es betraf jedoch nur die

Von Moos überwucherte Lava prägt die Gegend unweit von Kirkjubæjarklaustur (rechte Seite unten), auf dem Weg nach Laki (oben) und am Ufer der Skaftá (unten). Hier leben auch Alpenschneehühner (Mitte). Die Erosion zeichnet interessante Muster in die Hänge am See Langisjór (rechts oben und rechte Seite oben).

Menschen, die unmittelbar dort wohnten. Viel weitreichendere Folgen rief die Asche hervor, die kilometerhoch in die Atmosphäre aufstieg und noch in England und Teilen Skandinaviens niederging. Das Klima der gesamten nördlichen Hemisphäre kühlte dadurch um durchschnittlich 1,5 Grad Celsius ab. Es folgten extrem kalte und lange Winter in Europa und Nordamerika, die unter anderem zu den extremsten Überflutungen führten, die Europa je verzeichnete. Im Februar 1784 ließen die Schneeschmelze sowie das aufbrechende Eis den Rhein so stark anschwellen, dass in Köln Rekordpegel von 13,55 Metern gemessen wurden. Selbst die Jahrhunderthochwasser des letzten Jahrzehnts reichten nicht an diese Marke heran.

Die Notzeit des Dunstes

Die Folgen der Aschewolke waren in Island anderer, unmittelbarer Natur. Monatelang lag eine Wolke aus giftigen vulkanischen Gasen über dem Land. Das darin enthaltene Schwefeldioxid reagierte mit den Wassertröpfchen der Wolken zu Schwefelsäure, die das Atmen schwer machte, die Haut von Mensch und Tier verätzte und die Vegetation abtötete. Móðuharðindin, die »Notzeit des Dunstes«, nennen die Isländer diese Zeit in Anspielung auf die undurchsichtige Giftwolke. Der bläuliche Nebel machte vor den Landesgrenzen nicht halt, zog über ganz Europa und Teile Nordamerikas und sorgte auf dem Atlantik für äußerst schwierige Schifffahrtsbedingungen. Dass wir heute so viel über den Ausbruch wissen, ist vor allem dem Pfarrer Jón Steingrímsson zu verdanken. In seinem Tagebuch notierte er detailgetreu, was die Menschen Südislands durchleben mussten.

»Die Sonne war rot wie ein Feuerball, und der Mond rot wie Blut«, vermerkte der 55-jährige Isländer. »In dieser Woche und den beiden zuvor fiel mehr Gift vom Himmel, als Worte beschreiben können: Asche, Regen voller Schwefel und Salpeter, alles gemischt mit Sand. Die Schnauzen und Füße der Tiere, die über das Gras liefen und weideten, wurden gelb und wund. Alle Bäche wurden warm und leicht blau in Farbe, die Kiesbänke wurden grau. All die Pflanzen der Erde verbrannten, welkten und wurden grau, eine nach der anderen, als das Feuer an Intensität zunahm und sich den Siedlungen näherte.«

Als sich die Gaswolke über das Land legte, schrieb Jón: »Der faule Geschmack der Luft, bitter wie Seetang und nach Fäulnis stinkend, war tagelang so intensiv, dass die Menschen kaum atmen konnten. Außerdem drang das Sonnenlicht nicht mehr durch, alles war von Dunst eingehüllt.

Erstaunlich, dass Menschen noch eine weitere Woche überleben konnten.« Es ist auch diesen bewegenden Beschreibungen zu verdanken, dass sich die Isländer vor kaum etwas mehr fürchten als vor der unsichtbaren Gefahr, die von vulkanischen Gasen und der Asche ausgeht. Besonders für Grasfresser bedeutet frische Asche den Tod. »Fluoridvergiftung« nennt man es heute, wenn Nutztiere nach dem Verzehr des verseuchten Grases an inneren Blutungen, übermäßigem Zahnwachstum oder Zahnausfall sterben. In den Jahren 1783 bis 1785 verendeten auf diese Art landesweit die Hälfte des Rinderbestandes, zwei Drittel aller Pferde und 80 Prozent aller Schafe. In Kombination mit dem extremen vulkanischen Winter des Folgejahres brach eine dramatische Hungersnot über das Land herein. Ihr fielen fast 10 000 Menschen, ein Fünftel der isländischen Bevölkerung, zum Opfer.

Bizarres Laki

Heute erinnert nur noch eine gespenstisch-faszinierende Krater- und Lavalandschaft an diese schrecklichen Jahre. Das Zentrum des Ausbruchs, Lakagígar oder Laki genannt, erreicht man über die Piste F206. Da unterwegs Furten überwunden werden müssen, ist die Piste nur für Geländewagen geeignet, wird im Sommer aber auch täglich von Linienbussen angefahren. Bei der Anreise durch das teils grüne, teils kahle Hochland hat man einen herrlichen Blick auf die umliegenden Gletscher und die 25 Kilometer lange Reihe der 135 Krater. Dicke graugrüne Moospolster überwuchern das schwarze und rote Lavagestein der bis zu 100 Meter hohen Vulkankegel, die zum Vatnajökull-Nationalpark gehören. Aufgrund der Empfindlichkeit des porösen Lavagesteins und auch der Moospolster wird eindringlich darum gebeten, sich strikt an die vorgegebenen, markierten Wanderwege zu halten. Die Moospolster sehen zwar dick und robust aus, zerkrümeln jedoch unter den Tritten der Besucher zu einer braunen, leblosen Masse. Wanderer müssen hier also besondere Sorgfalt walten lassen.

WANDERN AM LANGISJÓR

Unmittelbar im Norden der Lakagígar liegt am anderen Ufer des Flusses Skaftá der See Langisjór. Er gehört seit 2011 zum Vatnajökull-Nationalpark. Der mächtige Gletscherfluss Skaftá kann jedoch nicht gefurtet werden und wird von keiner Brücke überspannt. Reisende müssen deshalb im großen Bogen die Jeeppiste F208 bis zu einem Abzweig bei Eldgjá hinauffahren, um zum See zu gelangen. Dort erwartet sie ein großartiger Blick auf den 20 Kilometer langen glasklaren See, der von spitzen kegelförmigen Bergen und dem Vatnajökull umrahmt wird. Wanderer sollten sich auch hier ausführlich über die geplante Tour informieren. Aufgrund der extrem empfindlichen Vegetation sollte auf dem Moos weder gelaufen noch campiert werden.

WEITERE INFORMATIONEN

zur Anfahrt nach Laki mit öffentlichen Verkehrsmitteln:
Im Sommer fährt Reykjavík Excursions täglich von Skaftafell und Kirkjubæjarklaustur nach Laki, stoppt dort für vier Stunden und fährt dann wieder zurück. www.re.is

Der warme Bachlauf in Landmannalaugar ist eine der Hauptattraktionen des Tales (oben). Die umliegende Gegend leuchtet in ungewöhnlichen Farbschattierungen (unten) und kann über viele schöne Wanderwege erkundet werden (rechts).

47 Naturschutzgebiet Fjallabak

Im Reich der Regenbogenberge

Das Naturschutzgebiet Fjallabak zählt zu den beliebtesten Zielen im isländischen Hochland. Aktiver Vulkanismus hat hier eine weltweit einzigartige, vielfältige und farbenprächtige Bergwelt geschaffen. Vulkankrater, Lavafelder, bunte Rhyolithberge, glasklare Seen und dampfende Hochtemperaturgebiete liegen in diesem Gebiet auf engstem Raum dicht gedrängt beieinander.

Nähert man sich den »Warmen Quellen der Leute von Land«, so die wörtliche Übersetzung von Landmannalaugar, dann weicht das Grau der Hochlandwüste einem wahren Farbenmeer. Tiefblaue Seen funkeln in rot geränderten Vulkankratern zwischen cremig-braunen Sanderebenen, leuchtend grünen Talsenken und moosbedeckten Lavafeldern. Bei Landmannalaugar schließlich scheint ein ganzer Malkasten über die Landschaft verteilt worden zu sein, leuchten doch die Berge des größten Rhyolithgebietes Islands in allen Farben des Regenbogens. Weiße Schneereste des vergangenen Winters, tiefschwarze Obsidianlavafelder und die tiefgrünen Feuchtgebiete der warmen Quellen setzen dem Farbenspiel die Krone auf.

Hochlandperle Landmannalaugar

Die Hügelketten bei Landmannalaugar bilden den äußeren Rand eines riesigen Kraters, der bei einem enormen Ausbruch des Zentralvulkans Torfajökull vor etwa 400 000 Jahren entstand. Seitdem kam es dort immer wieder zu Eruptionen, die letzte fand im 15. Jahrhundert unmittelbar bei Landmannalaugar statt. Die Lava ist meist rhyolithischen Ursprungs. Das Erscheinungsbild dieses jungen, hellen Gesteins mit einem hohen Quarzgehalt wird von rot-gelben, grauen oder gar grünen Farbtönen dominiert.

Angesichts dieser außergewöhnlichen Urlandschaft verwundert es nicht, dass Landmannalaugar, die »Perle des Hochlands«, jeden Sommer Zehntausende Besucher anlockt. Nach der langen Fahrt durch die menschenleere Landschaft des Hochlandes gleicht das Hüttendorf mit dem großen Zeltplatz einem Ameisenhaufen. Auf dem Parkplatz herrscht bis weit in die Abendstunden reger Betrieb, Dutzende Zelte drängen sich dicht an dicht auf dem steinigen Campingplatz, und die große Wanderhütte ist ebenfalls meistens voll belegt. Unmittelbar neben der Hütte des isländischen Wandervereines FÍ entspringen heiße Quellen einem haushoch aufragenden Lavafeld. Dieser

Die Schönheit der Erde wird in Fjallabak besonders sichtbar (rechte Seite unten). Der Vulkan Brennisteinsalda erhebt sich über dem Lavafeld Laugahraun (oben), dem warme Quellen entspringen (Mitte). Im Winter verschwinden die Farben unter dem Schnee, und die Hütte Landmannalaugars ist nur per Superjeep zu erreichen (unten).

warme Bach gab Landmannalaugar seinen Namen und ist die Hauptattraktion für Tagesausflügler, die sich busseweise auf und in das natürliche Bad stürzen. Wer während der Hochsaison in Landmannalaugar auf eine ruhige Nacht in unberührter Natur hofft, könnte enttäuscht werden. Der Besucherandrang ist mittlerweile so enorm, dass die isländische Umweltbehörde überlegt, in näherer Zukunft Eintrittsgelder für das Naturschutzgebiet zu erheben und die Besucherzahlen zu begrenzen. Langfristig ist dies vermutlich die einzige Möglichkeit, die karge Natur und die empfindlichen Ökosysteme der Gegend zu schützen und den Erlebniswert für die Besucher aufrechtzuerhalten.

Wandern in Urlandschaft

Entfernt man sich allerdings ein wenig vom Campingplatz und den warmen Quellen, wähnt man sich plötzlich in der fantastischen Landschaft gänzlich alleine. Dem Besucher stehen viele unterschiedliche Wanderungen im Naturschutzgebiet zur Auswahl. Eine Stunde etwa dauert der steile Aufstieg zum Gipfel des 943 Meter hohen Bláhnúkur, der mit einer herrlichen Aussicht lockt. Nicht ganz so anspruchsvoll ist der zweistündige Rundweg durch das Lavafeld Laugahraun. Der 30 bis 50 Meter hohe Lavastrom aus dem Jahr 1477 besteht auch aus Obsidian. Dieses pechschwarze vulkanische Glas entsteht, wenn stark quarzhaltige Magma jäh abkühlt. Die Felsblöcke sind zum Teil von dicken Moospolstern überwachsen und bieten Schneehühnern, Schneeammern sowie einigen anderen Vogelarten Zuflucht.
Der Laugahringur führt zum Fuß des farbenfrohen Vulkans Brennisteinsalda, wo heißer Schwefeldampf aus einem Solfatarenfeld aufsteigt. Dort schließen sich weitere Wanderwege an, etwa ein kurzer, lohnender Abstecher auf den 881 Meter hohen Gipfel der Brennisteinsalda. Zurück zum Campingplatz führt der Laugahringur durch die Schlucht Grænagil. Für längere Wanderungen bieten sich die Tour zu dem beeindruckenden Vulkankrater Ljótipollur an sowie Rundwanderungen auf die umliegenden Gipfel. Informationen und Karten zu den teils nur spärlich markierten Wanderwegen erhält man bei den Rangern, Hüttenwarten und Kioskbetreibern in Landmannalaugar.
Wie überall im Hochland werden Wanderer auch hier gebeten, auf den markierten Wanderwegen zu bleiben, da Tritte die Vegetation dauerhaft schädigen. Sowohl im moosbewachsenen Lavafeld als auch an den Wollgraswiesen unterhalb des farbenfrohen Berges Háalda kann man die durch Spaziergänger verursachte Bodenerosion mittlerweile

deutlich erkennen. Die touristische Hochsaison fällt genau in die kurze Wachstumsperiode der Pflanzen. Wer die karge Vegetation schützen möchte, sollte daher immer genau darauf achten, wohin er seine Füße setzt.

Transport, Unterkunft und Versorgung

Landmannalaugar ist nur während der Sommermonate ab frühestens Mitte Juni und nur mit geländegängigen, vierradgetriebenen Fahrzeugen erreichbar. Die Alternative zum eigenen Fahrzeug bilden Linienbusse, die das Gebiet von Mitte Juni bis Anfang September täglich von Reykjavík aus anfahren.
Wer im Naturschutzgebiet übernachten möchte, muss die drei offiziellen Campingplätze Landmannalaugar, Landmannahellir und Hrafntinnusker oder die Hütten nutzen. Wild zelten ist im Namen des Naturschutzes strengstens untersagt. In Landmannalaugar stationierte Ranger geben gerne Auskünfte zu den Regeln des Schutzgebietes und kontrollieren, ob diese eingehalten werden. Nur in Landmannahellir kann auf Gras gezeltet werden, in Landmannalaugar und auf Hrafntinnusker stehen die Zelte auf Schotter und Sand. Die Zelte sollten unbedingt regenfest sein und viele Abspannschnüre besitzen, da das Wetter sehr schnell umschlagen kann. Starke Niederschläge und hohe Windgeschwindigkeiten sind in dieser Gegend keine Seltenheit. Wer sich in diesem Fall im Trockenen aufhalten möchte, kann in den Hütten des isländischen Wandervereins nächtigen. Hüttenübernachtungen sollten aufgrund der hohen Nachfrage allerdings lange im Voraus gebucht werden, spontan kommt man dort nur mit viel Glück unter.

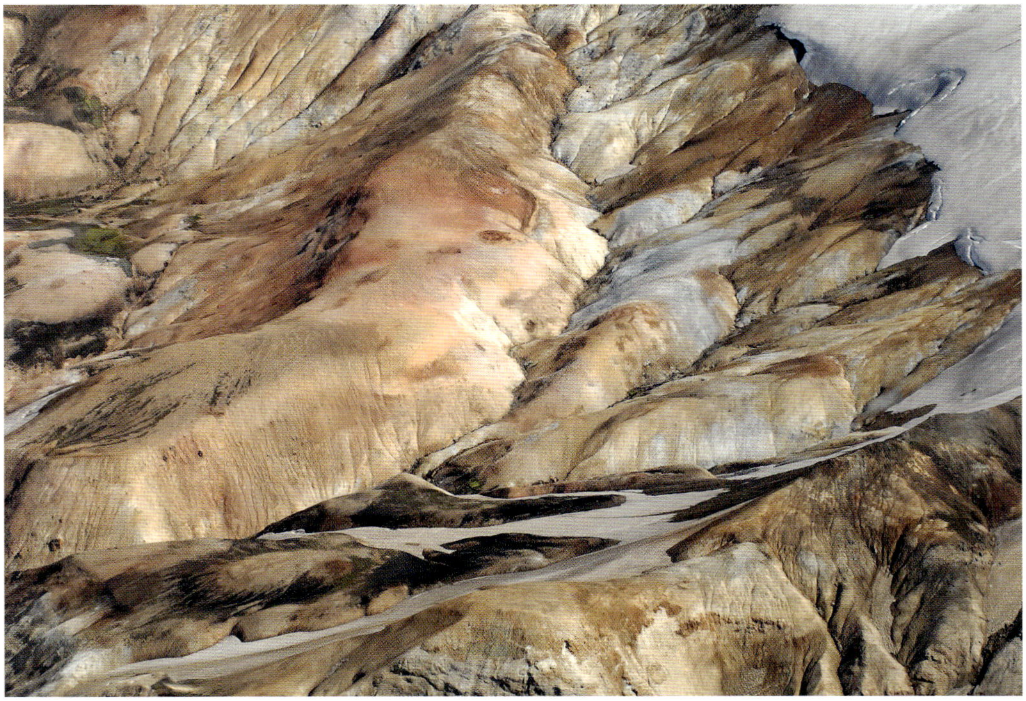

SCHLUCHTWANDERUNG IN DER ELDGJÁ

30 Kilometer östlich von Landmannalaugar liegt ein weiteres Highlight des südisländischen Hochlandes, die acht Kilometer lange Schlucht Eldgjá. Das 150 Meter tiefe und bis zu 600 Meter breite Flusstal ist nur ein Teil der insgesamt 75 Kilometer langen Vulkanspalte, die bei einer gigantischen Eruptionsserie in den Jahren 943 bis 947 entstand. Ein einstündiger Wanderweg beginnt beim Parkplatz und schlängelt sich entlang eines klaren Baches bis in das Tal hinein. Am Ende der Wanderung belohnt der Blick auf den seitlich in die Schlucht stürzenden Wasserfall Ófærufoss alle Mühen. Die Naturbrücke, die sich bis 1993 darüber spannte, stürzte leider infolge der Schneeschmelze ein.

WEITERE INFORMATIONEN

zu Landmannalaugar:
www.Landmannalaugar.info
Hüttenübernachtung in Landmannalaugar: www.fi.is
Fahrpläne Linienbusse: www.re.is
Informationen zur Befahrbarkeit und Sperrung der Straßen:
www.vegagerdin.is

Regenbögen über Regenbogenbergen: vom Gipfel des Söðull bei Hrafntinnusker hat man einen atemberaubenden Blick über die Fjallabak-Gegend.

Bei gutem Wetter bieten die Bergpässe (oben) faszinierende Aussichten: etwa auf die Hütten von Emstrur (rechte Seite oben) oder den See Alftavatn (rechte Seite unten). In scheinbar endlosen Urlandschaften spiegeln namenlose Seen das Licht der von der Mitternachtssonne beschienenen Wolken wider (unten).

48 Trekking auf dem Laugavegur

Auf dem Weg der heißen Quellen

Der Laugavegur, der »Weg der heißen Quellen«, ist Islands bekanntester und beliebtester Fernwanderweg. Er verbindet die Naturschutzgebiete Fjallabak und Þórsmörk miteinander. Die 54 Kilometer lange Wanderung bietet viele faszinierende Elemente der typischen Inselnatur: Vulkanlandschaften, schroffe Gletscher, Hochtemperaturgebiete, brückenlose Flüsse und lieblich-grüne Hügellandschaften mit malerischen Seen.

Die Wanderung auf dem Laugavegur beginnt in Landmannalaugar und dauert je nach Etappenplanung drei bis vier Tage. Die Schwierigkeit der Tour und die Anforderungen an die Wanderer hängen stark vom Wetter ab. Da die Übernachtungsmöglichkeiten in den sehr einfach ausgestatteten Hütten des isländischen Wandervereines FÍ begrenzt sind, sollte man sie frühzeitig buchen. Zeltplätze befinden sich jeweils bei den Hütten. Aufgrund der wachsenden Beliebtheit des Wanderweges und der daraus resultierenden Belastung der kargen Vegetation ist Wildzelten am Laugavegur mittlerweile verboten.
Aufgrund ihrer Lage im südlichen Hochland sind Hütten und Wanderweg nur zwischen Ende Juni und Anfang September geöffnet. Bis in den August hinein wandert man auf teilweise ausgedehnten Schneeflächen. Die meisten Wanderer starten in Landmannalaugar und folgen der Route von Nord nach Süd bis in die 300 Meter tiefer gelegene Þórsmörk. Ein bis zwei Tage lässt sich die Tour durch eine Wanderung von Þórsmörk auf den ebenfalls gut markierten Fimmvörðuháls-Weg nach Skógar an der Südküste verlängern.

Von Landmannalaugar nach Hrafntinnusker

Im Eingangsbereich der Hütte Landmannalaugar liegt eine Liste aus, in die jeder Wanderer zu seiner eigenen Sicherheit seinen Namen eintragen sollte. Bei schlechtem Wetter zählen die Hüttenwarte die Wanderer und starten eine Suche, falls in der Liste eingetragene Personen nicht bis zum Abend in der nächsten Hütte erscheinen.
Ein breiter Fußweg führt in das Lavafeld Laugahraun am Fuß des bunten Vulkans Brennisteinsalda. Dort beginnt der zehn Kilometer lange Aufstieg durch die farbenprächtigen, zerklüfteten Hügel Fjallabaks. In einer Senke direkt am Weg liegt

Kinderlachen empfängt die Wanderer bei Hvanngil (Mitte), eine gemütliche Hütte in Langidalur (oben) und ein schön gelegener Campingplatz bei Álftavatn. Brücken führen über tiefe Schluchten bei Emstrur (unten), und Pflanzen wie die Strand-Grasnelke trotzen dem harten Klima des Hochlandes.

das Geothermalgebiet Stórihver mit heißen Quellen, die leider zum Baden zu heiß sind.
Etwa zwei Drittel der ersten Tagesetappe sind oft bis in den Spätsommer hinein mit Schnee bedeckt. Bei der langen Überquerung des höchsten Passes auf gut 1000 Metern kann jederzeit unerwartet Nebel aufkommen. Der Weg ist gut markiert, bei schlechter Sicht müssen Wanderer dennoch wachsam sein. Hier oben kann es auch im Hochsommer zu Schneestürmen kommen. Kälte, Nässe und der für Island typische Wind führen schnell zu Unterkühlungen, die tödlich enden können. Davon zeugt ein Gedenkstein, den man zwei Kilometer vor Erreichen der Hütte Hrafntinnusker passiert. Er erinnert an den Tod eines Israelis, der mitten im Sommer nicht weit vom Weg entfernt erfroren ist.

Von Hrafntinnusker nach Álftavatn

Die Etappe ist zwölf Kilometer lang, dauert vier bis fünf Stunden und überwindet eine Steigung von 490 Metern. Den ersten Teil der zweiten Etappe bildet ein von kleinen Schluchten durchzogenes Tal. Folgt man nach einem kurzen, steilen Aufstieg dem Laugavegur Richtung Westen, verlässt man die farbenfrohe Rhyolithlandschaft. Die Aussicht über die hügelige Vulkanlandschaft mit grünen Bergen, Seen und Gletschern gehört zu den schönsten Panoramen des Wanderweges. Es folgen ein steiler Abstieg in die grüne Ebene und die letzten Kilometer zu den Hütten, deren Campingplatz idyllisch direkt am Ufer des flachen Sees Álftavatn liegt.

Von Álftavatn nach Emstrur (Botnar)

Die Etappe ist 15 Kilometer lang, dauert sechs bis sieben Stunden und überwindet ein Gefälle von 40 Metern. Die ersten Kilometer windet sich der Weg zwischen grünen Hügeln in das Hvanngil-Tal. Dort befinden sich zwei Hütten mit einem windgeschützten Campingplatz, die als alternative Übernachtung zu Álftavatn genutzt werden können.
Die folgenden Kilometer führen über eine immer karger werdende Sanderebene, die von steilen, grünen Bergen umgeben ist. Mehrere Flüsse müssen überquert werden, teilweise trockenen Fußes auf Brücken, teilweise durch das Wasser. Dabei nähert man sich stetig dem Vulkan Eyjafjallajökull, dessen Asche auch hier niederging. Bei gutem Wetter wird der feine graue Staub oft vom Wind mitgerissen und kann tränende Augen bescheren. In solchen Situationen lohnt sich der Einsatz einer Sonnenbrille! Menschen mit Atemwegsbeschwerden sollten unbedingt Atemschutzmasken dabeihaben.
Nach mehreren Kilometern scheinbar endloser Gletscherwüstenlandschaft sieht man plötzlich die Hütten von Emstrur (Botnar) mit ihren terrassenför-

mig angelegten Campingplätzen vor sich im Tal liegen.

Von Emstrur (Botnar) nach Þórsmörk

Die Etappe ist 15 Kilometer lang, dauert sechs bis sieben Stunden und überwindet ein Gefälle von 300 Metern.
Wieder verändert sich die Landschaft. Nach einem kurzen, steilen Abstieg quert man die Schlucht des Flusses Syðri-Emstruá auf einer Fußgängerbrücke. Ein Seil hilft über die letzten, steilen Meter hinweg. Danach folgt eine bunte Mischung aus wüstenähnlichen Ebenen und grünen, steilen Tälern. Gegen Ende der Wanderung muss durch den Gletscherfluss Þröngá gewatet werden, der besonders gegen Abend hohe Wasserstände aufweisen kann. Vorsicht ist angebracht!
Auf der anderen Seite des Flusses wandelt sich die Landschaft ein weiteres Mal. Nach einer halbstündigen Wanderung durch einen kleinen Birkenwald erreicht man eine Weggabelung. Schilder weisen die Richtungen zu unterschiedlichen Hütten in Þórsmörk.

Naturschutz

Die spärliche Vegetation des isländischen Hochlands ist zwar äußerst widerstandsfähig, reagiert jedoch sehr empfindlich auf Erosion. Die wenigen großflächigen Vegetationsgemeinschaften, die meist aus Moosen und Flechten bestehen, mögen strapazierfähig aussehen, leiden jedoch sehr unter Belastung. Dies ist ein Grund, weshalb man nur noch auf den offiziellen Campingplätzen an den Hütten übernachten soll. Außerdem wird ausdrücklich gebeten, sich an die markierten Wege zu halten und nicht auf lebende Pflanzen und in Moospolster zu treten oder darauf zu sitzen. Ebenso wichtig ist es, ausschließlich die Sanitäranlagen an den Hütten zu nutzen. Falls dies nicht möglich ist, nehmen Sie bitte all Ihren Müll mit zur nächsten Hütte, sogar Toilettenpapier: in den vorherschenden arktischen Verhältnissen dauert es bis zu zehn Jahre, bis es vollständig zerfallen ist. Bitte schützen und respektieren Sie unser Naturerbe und nehmen Sie Rücksicht auf die Tiere, Pflanzen und einzigartigen Landschaftsformen des Hochlandes.

TIEFE SCHLUCHT MARKARFLJÓTSGLJÚFUR

Kein Wanderer sollte die Schlucht des Markarfljótsgljúfur auslassen. Unweit der Hütten in Emstrur (Botnar) hat sich hier ein tosender Flusslauf bis zu 180 Meter tief in das weiche Gestein gegraben. Die zerklüfteten Wände der Schlucht leuchten in den Farben der unterschiedlichsten Gesteinsarten, umwerfend ist zudem der Blick auf die umliegenden Vulkankegel und Gletscher. Die Wanderung ist mit kleinen Stöcken markiert und eignet sich ideal als Abendspaziergang. Der Hüttenwart gibt Auskunft über Start und Richtung: Der Canyon liegt etwa einen Kilometer nördlich des Hüttendorfes, der Rundweg entlang der Schlucht nimmt mit Abstechern auf Hügel ein bis zwei Stunden in Anspruch.

WEITERE INFORMATIONEN

und Buchungsmöglichkeiten für die Hüttenübernachtungen bietet der isländische Wanderverein FÍ:
www.fi.is
Im Büro des FÍ werden auch eine englischsprachige Broschüre mit vielen Bildern und Informationen zur Wanderung sowie topografische Karten des Laugavegur verkauft. Letztere findet man oft auch in Buchhandlungen und Tankstellen auf ganz Island.

Beim Kratersee von Víti (rechte Seite unten) oder dampfenden Fumarolen (oben) lässt sich der Vulkanismus hautnah erleben. In der kargen Vulkanwüste gedeihen nur widerstandsfähige arktische Pflanzen wie Grasnelken (unten). Majestätisch erhebt sich Herðubreið aus dem von Lavaströmen geprägten Umland (rechte Seite oben).

49 Die Vulkanwüste der Askja

Baden in der Hölle

Askja ist das Highlight des östlichen Hochlandes. Eine mehrere Stunden dauernde Fahrt auf extrem schlechten Pisten bringt die Besucher in eine mondgleiche Wüstenlandschaft, in der schroffe Gipfel in den Himmel ragen. Wie ein Juwel liegt die wassergefüllte Caldera des Askja-Vulkans inmitten in der Lavawüste. Der Anblick ist gleichermaßen märchenhaft und beängstigend.

Kilometerweit erstreckt sich das Lavafeld Ódáðahraun in alle Himmelsrichtungen. Die »Missetäter-Lava« ist mit über 4400 Quadratkilometern Ausdehnung das größte zusammenhängende Lavafeld Islands. Diese aus unterschiedlich alten Laven bestehende Wüste ist eine bizarre Wunderwelt. Hier wechseln sich Mondlandschaften, Sandwüsten, schroffe Berge, wilde Lavaformationen und reißende Gletscherflüsse in tiefen Schluchten ab. Die Landschaft erweist sich als so lebensfeindlich, dass man froh ist, nur auf der Durchreise zu sein.

Askja

Weiter geht die Reise durch die dunkle Vulkanlandschaft, bis die Stichstraße an einem Parkplatz vor dunklen Bergen endet. Ein Fußweg führt von dort zu dem großen dunkelblauen See Öskjuvatn, in dem sich die weißen Wolken und die umliegenden, kahlen Berge spiegeln. Bis vor wenigen Jahren galt der 220 Meter tiefe See als tiefstes Gewässer auf Island. Heute jedoch hat ihm die durch Gletscherschmelze immer größer und tiefer werdende Gletscherlagune Jökulsárlón den Rang abgelaufen. Der blaue See, der so friedlich von dem vulkanischen Gebirge Dyngjufjöll umrahmt wird, entstand 1875 nach einem Ausbruch, der fatale Folgen für Ostisland nach sich zog. Damals wurden solch enorme Mengen von Asche in die Luft geschleudert, dass selbst in den Westfjorden schwarzer Regen vom Himmel fiel. Besonders in den Ostfjorden und dem Gebiet der Jökuldalsheiði war der Ascheniederschlag so heftig, dass Weideland für längere Zeit vergiftet wurde und zahlreiche Menschen keine andere Lösung sahen, als nach Amerika auszuwandern.

Der Hauptkrater der damaligen Eruption war Víti, die »Hölle«. Der 150 Meter breite Explosionskrater grenzt unmittelbar an den Öskjuvatn und ist für seinen warmen See berühmt. Der Boden des gräulich-gelben kreisrunden Kraters ist von Schmelzwasser bedeckt und wird im heißen Kraterinneren auf mindestens

30 Grad Celsius erwärmt. Viele Besucher nehmen den steilen, rutschigen Abstieg in die »Hölle« auf sich, um in dem milchig-blauen Schwefelwasser zu baden. Da an den meisten Tagen ein frischer Wind weht, der eventuell entstehende Vulkangase fortweht, ist bei diesem Spaß bisher noch niemand zu Schaden gekommen. Dennoch: Das Bad in der Hölle ist im wahrsten Sinne des Wortes ein Spiel mit dem Feuer!

Der kreisrunde Öskjuvatn ist kein Krater im eigentlichen Sinn, sondern vielmehr eine Caldera. Diese Senke entstand erst nach dem großen Ausbruch von 1875, als ein Teil der unterirdischen, nun leeren Magmakammer in sich zusammensackte. An der Erdoberfläche entstand eine große, kreisrunde Mulde, die sich im Lauf der Zeit mit Grundwasser füllte. Diese jüngste Caldera der Askja ist nicht die einzige des Gebietes. Tatsächlich ist nämlich das ganze, 40 Kilometer lange Tal eine Caldera, deren Ursprung und Alter bis heute unbekannt sind. Askja bildet das Zentrum des mit 200 Kilometern längsten Vulkansystems Islands. Genau an der Bruchzone der Kontinente gelegen, kann es hier jederzeit zu einer Eruption kommen. Vulkanologen verfolgen deshalb die seismische Aktivität auf das Genaueste. Ein letzter kleiner Ausbruch schuf hier im Jahr 1961 das Lavafeld Vikrahraun unmittelbar neben dem Öskjuvatn.

Spurlos verschwunden

Im Jahr 1907 besuchten die beiden Deutschen Walter von Knebel und Max Rudloff die Askja, um sie in einem Ruderboot zu erforschen. Seitdem gelten der Geologe und der Maler als verschollen. Von Knebels Verlobte Ina von Grumbkow reiste in den folgenden zwei Jahren nach Island, um mehr über den Tod der Männer herauszufinden. Nach ihrer ergebnislosen Rückkehr verfasste sie mit *Isafold. Reisebilder aus Island* einen Klassiker der Islandreiseliteratur. Meisterlich beschreibt sie darin die Faszination und Seele der isländischen Landschaft. Ihre Schilderungen lassen erahnen, was für ein Abenteuer eine Hochlandreise vor hundert Jahren gewesen sein muss – nicht nur für abenteuerlustige Frauen wie Ina!

OASE HERÐUBREIÐARLINDIR

Unmittelbar östlich des majestätischen Tafelvulkans Herðubreið befinden sich eine Wanderhütte und ein Campingplatz. Mitten in der Wüste entspringen hier unzählige Quellen dem sonst so trostlosen schwarzen Lavafeld und verwandeln Herðubreiðarlindir in eine wahre Oase. Viele Pflanzen gedeihen an diesem unwirklich schönen Ort am Fuß des Tafelvulkans Herðubreið. Seine häufige Bezeichnung »Königin der Berge« verdankt der 1682 Meter hohe Vulkan zum einen seinem weiblichen Namen »Die Breitschultrige«, zum anderen seiner beeindruckenden, äußerst symmetrischen Gestalt. Schon zu Sagazeiten galt der riesige Felsblock, der 1000 Meter aus der flachen Landschaft aufragt, als »Sitz der Götter«.

WEITERE INFORMATIONEN

Eine Untergruppe des isländischen Wandervereines, Ferðafélag Akureyrar, betreut einfache Wanderhütten bei Herðubreiðarlindir und in Drekagil bei Askja. Informationen zu den Übernachtungsmöglichkeiten findet man unter www.ffa.is

Feuer und Eis formen Kverkfjöll: sowohl bei der Eishöhle (unten) ganz in der Nähe der Hütte Sigurðarskáli (rechte Seite oben) als auch bei der langen geführten Wanderung hinauf auf den Gletscher (oben). Die Aussicht von dort auf die umliegende Vulkanlandschaft ist fantastisch (rechte Seite unten)!

50 Das Gebirgsmassiv Kverkfjöll

Wandern im Reich von Feuer und Eis

Südlich der Askja-Calderen liegt unmittelbar am Rand des Vatnajökull das Gebirgsmassiv Kverkfjöll. Die steilen Berge gehören zu einem uralten Vulkansystem mit faszinierenden Kontrasten. Dampfende Hochtemperaturgebiete mitten im Gletscher und leuchtend blaue Eishöhlen sind die Ergebnisse des ewigen Wettstreits zwischen Feuer und Eis.

Kverkfjöll liegt abgeschieden im Schatten des Vatnajökull. Die von Gletscher und Vulkanismus geprägte Umwelt von Islands drittgrößtem Gebirgsmassiv gibt sich so lebensfeindlich, dass Menschen hier stets nur Besucher waren. Dementsprechend schlecht ist die Infrastruktur des Gebietes, das man nur mit geländegängigen Fahrzeugen erreicht.

Wanderparadies für Allradfans

Das Hochland nördlich des Vatnajökull wird von unterschiedlich anspruchsvollen Jeeptracks durchzogen. Die meisten Besucher erkunden die Askja und Kverkfjöll im Rahmen eines zwei- bis dreitägigen Ausflugs und nutzen dafür die kürzesten und besten Geländewagenpisten aus Richtung Mývatn. Wer aus anderen Richtungen anreist, etwa dem Osten oder Westen, muss genügend Ersatzbenzin dabeihaben, auf Treibsand eingestellt sein und tiefe Gletscherflüsse furten können. Die Aussicht, mit dem eigenen Allradfahrzeug das Hochland zu erobern, lockt jährlich Tausende Geländewagenfans nach Island. Leider hält sich unter vielen Besuchern der Irrglaube, dass Querfeldeinfahren in Island erlaubt sei. Verglichen mit dem europäischen Straßennetz sind die isländischen Hochlandpisten zwar so schlecht und abenteuerlich, dass sich hier tatsächlich ein »Offroadfeeling« einstellt. Das Verlassen der Wege ist aber auch in Island strengstens untersagt! Leider hat durch die steigende Zahl motorisierter Reisender auch das Offroadfahren zugenommen. Die allgegenwärtigen Spuren, die Landschaft und Vegetation über Jahrzehnte hinweg zerstören, verleiten viele Abenteuerlustige zur Nachahmung. Wer jedoch die Natur wirklich liebt, sollte seine Geländewagenabenteuer gut recherchieren und fragwürdige Pisten nicht befahren. Die einzigartige Welt am Polarkreis lässt sich zu Fuß ohnehin am intensivsten erleben. Im Idealfall sollten Geländefahrzeuge nur als Transportmittel dienen, um zum Ausgangspunkt interessanter Tageswanderungen zu gelangen, zum Beispiel zu den Kverkfjöll.

Welt im blauen Glanz

Aus dem blau leuchtenden Gletschermantel des Vatnajökull ragen die über 1900 Meter hohen Gipfel der Kverkfjöll. Umgeben von Bergen und steilen Gletscherzungen liegt die große Hütte Sigurðarskáli. Die vom isländischen Wanderverein betreute Unterkunft bietet Schlafplätze für 70 Personen und sogar einen stellenweise begrünten Campingplatz. Hüttenwarte und Ranger informieren Besucher über die vielfältigen Wandermöglichkeiten. Der beliebteste Ausflug führt drei Kilometer über Altschneefelder zum Fuß des Gletschers, dem ein warmer Gletscherfluss entspringt. Hier hat das Wasser heißer Quellen einen Dom aus blau schimmerndem Eis frei geschmolzen, der sich ständig verändert. Man sollte sich dem faszinierend schönen Tunnel jedoch nicht zu sehr nähern, da ein Aufenthalt dort lebensgefährlich sein kann.

Weitere Wanderungen führen auf die Gipfel des Virkisfell oder Biskupsfell, die eine grandiose Aussicht über die Gletscherzungen und die schier endlose Weite des Hochlandes ermöglichen. Wer Ausdauer und Kondition mitbringt, der kann sich der von einem der Hüttenwarte geführten Tour hinauf auf den Gletscher anschließen. Vier Stunden dauert der Aufstieg auf den von Gletscherspalten zerfurchten Eispanzer, wobei 800 Höhenmeter überwunden werden. Die Mühe wird auf 1700 Metern Höhe mit einer einzigartigen Aussicht auf das geothermal aktivste Zentrum des Vulkans belohnt. Umrandet vom dicken Eispanzer des Vatnajökull breitet sich dort ein leuchtend gelbes Solfataren- und Fumarolenfeld aus, dessen Nebelschwaden so träge wie Segelschiffe an einem fast windstillen Tag dahinziehen. Hier ist Island wahrhaftig eine Insel aus Feuer und Eis!

KÁRAHNJÚKAR

50 Kilometer östlich von Kverkfjöll liegt Kárahnjúkar. Der Ort war noch vor wenigen Jahren gänzlich unbekannt, bis hier für Islands größtes Wasserkraftwerk ein Prozent der isländischen Landfläche geflutet wurde. Wo sich früher ein einzigartiges Schluchtensystem erstreckte und Vegetationsinseln wichtige Brutgebiete unter anderem für die Kurzschnabelgans sowie Weideflächen für Rentiere boten, erstreckt sich heute ein riesiger Stausee. Ostisland ist stolz auf die Anlage und preist ihre Vorteile, zu denen unter anderem gut ausgebaute Wege ins Hochland und Arbeitsplätze in der ebenfalls neu gebauten Aluminiumschmelze in Reyðarfjörður gehören. Dennoch ist das Projekt auch heute noch stark umstritten. Industrielle Nutzung von Wildnis lässt sich nun einmal nicht mit Naturschutz vereinen.

WEITERE INFORMATIONEN

zu Kverkfjöll sind auf der Seite des Vatnajökull- Nationalparks zu finden:
www.vjp.is
Die Abteilung des Isländischen Wandervereins von Fljótsdalshérað, die die Hütte Sigurðarskáli betreut:
www.egilsstadir.is/ferdafelag/

Auf dem von Gletscherfluten geschaffenen Mýrdalssandur bei Vík ragt die ehemalige Insel Hjörleifshöfði in den Sommerhimmel. Die Lupinen wurden aus Alaska eingeführt, um die Sanderflächen zu begrünen.

Malerisch steht das Kirchlein im grünen Südwesten (oben). Lachmöven sind ein alltäglicher Anblick entlang der Küsten (Mitte). Islandpferde scheint es in allen Farben zu geben (unten).

Register

Der Seljalandsfoss ist einer der fotogensten Wasserfälle des Landes (oben) und Herðubreið der wohl markanteste Berg des Nordostens (unten). Einen Schönheitswettbewerb würde dieser Troll wohl nicht gewinnen, allerdings lockt er sehr erfolgreich Touristen in einen Andenkenladen (Mitte).

Impressum

Polarfüchse sind die einzigen größeren Säugetiere, die es seit der letzten Eiszeit vor dem Menschen auf Island gab (oben). Nordlichter, wie hier bei Grundarfjörður sieht man nur im Winter (unten). Zu den meistfotografierten Kunstwerken Reykjavíks gehört die Edelstahl-Skulptur »Solfari«, die ein Wikingerschiff darstellt (nächste Doppelseite).

Produktmanagement: Dr. Birgit Kneip
Textlektorat: Barbara Rusch, München
Kartografie: Astrid Fischer-Leitl
Layout: graphitecture, Rosenheim
Repro: Repro Ludwig, Zell am See
Umschlagtitel: Studio Schübel, München
Herstellung: Bettina Schippel
Printed in Italy by Printer Trento

Alle Angaben dieses Werkes wurden von den Autoren sorgfältig recherchiert und auf den aktuellen Stand gebracht sowie vom Verlag geprüft. Für die Richtigkeit der Angaben kann jedoch keine Haftung übernommen werden.

Für Hinweise und Anregungen sind wir jederzeit dankbar. Bitte richten Sie diese an:
Bruckmann Verlag
Postfach 40 02 09
80702 München
E-Mail: lektorat@bruckmann.de

Bildnachweis:
© Gretar Ívarsson: Seite 27;
Kerstin Langenberger: Seite 5, 8 M, 9 o.r., 14 o.r, 17 u.r., 20 o.l., 28 u.l. ,36 u.l., 38 M.l. 38/39, 41, 42/43 (alle), 44 (alle), 46-48 (alle), 49 u., 50/51, 52 o., 53 (alle), 57 u.r., 61 u., 62/63, 64/65 (alle), 66 o.r + u.l., 67 u., 71, 72 o.r., 73 u., 82 u.l., 84/85, 103 o.r., 110 (alle), 124-127 (alle), 133 u., 135 o.r., 136 o.l + u.l., 138-139 (alle), 141 o.r., 142 o.l., 144 m.l + o.r., 145 o.r., 146 u.l., 147, 148. u.l. + o.r., alle Bilder 150-153, 164 u.; Michael Levy: Seite 81; Picasa /Anders: Seite 123; picture alliance: Seite 75 (Graeme Cornwallis/Lonely Planet)
Annegret Richter: 122 o.r.

Alle anderen Bilder stammen von Olaf Krüger.

Die Deutsche Nationalbibliothek verzeichnet diese Publikation in der Deutschen Nationalbibliografie; detaillierte bibliografische Daten sind im Internet über http://dnb.d-nb.de abrufbar.

ISBN 978-3-7654-5592-6